区域基础教育
对外开放研究

基于上海市浦东新区的实践

李 军◎著

上海交通大学出版社
SHANGHAI JIAO TONG UNIVERSITY PRESS

内容提要

本书从比较教育学及政策学的视角出发,以上海市浦东新区的实践为例,通过对基础教育对外开放发展的国内外教育变革背景的考察、上海教育的发展及浦东新区的国际化定位对浦东新区基础教育对外开放提出现实需求的考察,分析了推进基础教育对外开放的政策价值,通过对当前基础教育对外开放现状与未来发展问卷调查和访谈,分析了当前基础教育对外开放工作中的问题及原因,基于文化自信的立场,提出了区域基础教育对外开放支持系统的建设路径,旨在促进基础教育对外开放的良性发展。本书适合基础教育领域的管理者、研究者以及教学人员阅读使用。

图书在版编目(CIP)数据

区域基础教育对外开放研究:基于上海市浦东新区
的实践/李军著. —上海:上海交通大学出版社,
2022.5

ISBN 978 - 7 - 313 - 26802 - 0

Ⅰ.①区… Ⅱ.①李… Ⅲ.①基础教育-对外开放-
研究-浦东新区 Ⅳ.①G639.2

中国版本图书馆 CIP 数据核字(2022)第 105030 号

区域基础教育对外开放研究
——基于上海市浦东新区的实践
QUYU JICHU JIAOYU DUIWAI KAIFANG YANJIU
——JIYU SHANGHAISHI PUDONGXINQU DE SHIJIAN

著　　者:李　军
出版发行:上海交通大学出版社　　　　地　　址:上海市番禺路 951 号
邮政编码:200030　　　　　　　　　　电　　话:021 - 64071208
印　　制:江苏凤凰数码印务有限公司　经　　销:全国新华书店
开　　本:710mm×1000mm　1/16　　印　　张:11.75
字　　数:189 千字
版　　次:2022 年 5 月第 1 版　　　　　印　　次:2022 年 5 月第 1 次印刷
书　　号:ISBN 978 - 7 - 313 - 26802 - 0
定　　价:69.00 元

前　言

　　加快和扩大新时代教育对外开放，是教育发展的需要，是国家建设的需要，是新时代发展的需要。2016 年，中共中央办公厅、国务院办公厅印发了《关于做好新时期教育对外开放工作的若干意见》，同年 7 月，教育部发布了《推进共建"一带一路"教育行动》，为教育领域推进"一带一路"建设提供支撑。2020 年 6 月，教育部等八部门联合印发了《关于加快和扩大新时代教育对外开放的意见》，目的是加快和扩大教育对外开放，提升我国教育的国际影响力。

　　随着经济全球化的发展，跨国界、跨地区的物流、人流、资本流、技术流、信息流加速流动与集聚，一些城市借助自身的优势与良好的发展战略，成为具有全球经济、文化或政治影响力的国际大都市。上海经过几十年的改革开放，其发展成就已受到全球瞩目。站在新时代的历史起点，上海提出了到 2035 年，基本建成卓越的全球城市，令人向往的创新之城、人文之城、生态之城，具有世界影响力的社会主义现代化国际大都市的战略目标。为实现这一战略目标，《上海教育现代化 2035》提出，努力培养具有中国情怀、上海精神、全球视野的社会主义事业建设者和接班人，到 2035 年，上海的教育影响力达到全球城市先进水平。各类学校和教育机构广泛参与国际教育合作、竞争与治理，在"一带一路"沿线国家、地区及全球产生重要影响力，成为国际教育资源、配置教育规则及其标准制定的建设者、参与者、贡献者和受益者。

　　浦东新区是上海的教育大区，有近 700 所学校、近 5 万名教师和 50 余万名学生，学校数、学生数和教师数都占到全市的约四分之一。当前，浦东新区教育正全面推进国家区域教育综合改革创新示范区建设，以扎根中国、放眼世界、面向未来，以更高远的历史站位、更宽广的国际视野、更深邃的战略眼光，以加快建设高水平、高质量的教育现代化，办好人民满意的教育为主线，以全面建设区域教育综合改革创新示范区、高水平基础教育优质均衡领跑区、全方位多层次教育对外开放引领区、科技创新人才培养模式改革试验区、治理体系和治理能力现代化先行区"五区战略"为总体目标,奋力打造"五育并举、公平优质、开放融合、活力创新"新时代更高品质的浦东教育,勇当新时代全国改革开放、创新发展的标杆。

为适应新时代高品质浦东新区教育需要,实现培养出更多适应浦东新区社会经济未来发展需要的具有国际竞争力的高素质人才的目标,浦东新区近年来始终坚持推进基础教育对外开放进程。然而在基础教育推进对外开放的进程中,如何理解"基础教育对外开放"这一命题? 应在哪些方面展开推进? 浦东教育发展研究院作为专业组织,能为学校教育对外开放提供哪些支持? 这些支持在什么程度上展开?

作为从事浦东新区基础教育对外开放工作的专业人员,笔者带着这些问题,于2012年进入上海师范大学国际与比较教育博士后流动站,开展区域教育对外开放的支持系统研究。笔者从比较教育学及政策学的视角出发,通过对基础教育对外开放发展的国内外教育变革背景的考察、上海教育的发展及浦东新区的国际化定位对浦东新区基础教育对外开放提出现实需求的考察,分析了推进基础教育对外开放的政策价值,通过对当前基础教育对外开放现状与未来发展问卷调查和访谈,分析了当前基础教育对外开放工作中的问题及原因,基于文化自信的立场,提出了区域基础教育对外开放支持系统的建设路径,旨在促进基础教育对外开放的良性发展。

呈现在大家面前的这本书,就是笔者在博士后工作站期间研究的主体成果,随着当前教育对外开放形势的发展,笔者对博士后研究报告做了认真的修订并最终成书,可谓十年磨一剑。在成书过程中,浦东新区教育国际交流中心的同事们给予了大量的支持和帮助,本书的出版也是大家共同智慧的结晶。

全书以调查为基础,以浦东新区的实践为例,对基础教育对外开放发展中应该着力支持六个子系统进行了深入论述,包括基础教育对外开放发展制度与机制建设、课程建设、师资队伍建设、交流与合作建设、涉外中小学的能力建设、国际化基础建设等,为读者展现、提供了浦东新区推进基础教育对外开放的实践范例。

教育对外开放是构建人类命运共同体的重要桥梁,进入新的历史时期,尽管我国将碰到各种新的困难与挑战,但我国必须勇敢走进国际教育舞台中心,积极推进教育对外开放,主动参与全球教育治理,讲好中国故事,为构建全球教育共同体贡献中国方案和中国智慧。衷心希望本书的出版,能为这一目标的实现提供有益的借鉴。

李 军

2022 年 1 月

目　录

第一章 导论

一、研究源起

（一）基础教育对外开放的国内外教育变革背景

1. 改革开放成为教育发展的巨大源动力

改革开放以来，我国取得了举世瞩目的成就，国家面貌发生了历史性的变化。教育是民族振兴、社会进步的基石，是提高国民素质、促进人的全面发展的根本途径，寄托着亿万家庭对美好生活的期盼。中国未来发展、中华民族伟大复兴，关键靠人才，基础在教育。优先发展教育，加快提高教育现代化水平，对满足人民群众接受良好教育需求，对全面实现小康社会目标、建设富强民主文明和谐的社会主义现代化国家具有决定性意义。党和国家历来高度重视教育事业。改革开放以来，经过全党、全社会共同努力，我们开辟了中国特色社会主义教育发展道路，建成了世界最大规模的教育体系，保障了亿万人民群众受教育的权利。教育发展极大地提高了全民族素质，推进了科技创新、文化繁荣，为经济发展、社会进步、民生改善做出了不可替代的重大贡献。我国实现了从人口大国向人力资源大国的转变。

2. 基础教育对外开放已然成为国家战略

党的十八大以来，教育对外开放的蓝图更清晰，布局更宽广，助力更显著，品牌更鲜明，影响更深远。随着我国教育整体水平跃居世界中上行列，中国的教育合作伙伴已遍布全球，与教育相关的重要国际组织开展了密切合作。2016年4月，中共中央办公厅、国务院办公厅印发了《关于做好新时期教育对外开放工作的若干意见》，为新时期的教育开放做出了重要部署。这是国家最高层面的政策部署，教育对外开放成为国家意志，其目标是到2020年，中国留学服务体系基本健全,中国留学质量显著提高,涉外教育效率显著提高,双边多边教育合作的广度和深度有效拓展,参与教育领域国际规则制定的能力明显提高;教育的规范化、法制化水平将显著提高,人民多样化、高质量的教育需求将得到更好的满足,整体经济社会发展将得到更好的服务。同年7月,教育部发布了《推进共建"一带一路"教育行动》,作为国家《推动共建"一带一路"愿景与行动》在教育领域的落实方案,将为教育领域推进"一带一路"建设提供支撑。文件指出,中国将一以贯之地坚持教育对外开放,深度融入世界教育改革发展潮流,推进"一带一路"教育共同繁荣,既是加强与沿线各国教育互利合作的需要,也是推进中国教育改革发展的需要,中国愿意在力所能及的范围内承担更多责任义务,为区域教育大发展做出更大的贡献;文件要求,各级学校有序前行,各级各类学校秉承"己欲立而立人"的中国传统,有序地与沿线各国学校扩大合作交流,整合优质资源走出去,选择优质资源引进来,兼容并包、互学互鉴,共同提升教育国际化水平和服务共建"一带一路"能力,中小学校要广泛建立校际合作交流关系,重点开展师生交流、教师培训和国际理解教育。[①]

近年来,习近平主席在"一带一路"国际合作高峰论坛、中国国际进口博览会、博鳌亚洲论坛等重大场合,多次向世界宣示中国将扩大教育开放。2018年9月10日召开的全国教育大会为新时代教育对外开放擘画了宏伟蓝图,做出了顶层设计。2020年6月,教育部等8部门联合印发《关于加快和扩大新时代教育对外开放的意见》,凸显了教育对外开放在我国教育事业和全面开放新格局中的地位和作用。该意见是在新型冠状病毒全球蔓延、我国外部发展环境更加错综复杂的特殊背景下出台的,宣示了我国坚持教育对外开放不动摇的坚定决心,以及在危机中育新机、于变局中开新局的坚强信心。中国始终高举合作共赢旗帜,致力于深化拓展与世界各国在教育领域的互利合作和交流互鉴,为推动构建人类命运共同体贡献力量。[②]

国家对于教育对外开放的要求说明,在国际教育贸易市场开放的前提下,教育资源在国际间进行配置,教育要素在国际间加速流动,教育国际交流与合作日益频繁,世界各国教育相互影响、相互依存的程度不断提高,各国教育相互交流,

---

① 教育部.关于印发《推进共建"一带一路"教育行动》的通知[EB/OL].[2020 - 12 - 21]http://www.moe.gov.cn/srcsite/A20/s7068/201608/t20160811_274679.html.

② 教育部等8部门印发意见加快和扩大新时代教育对外开放[EB/OL].[2020 - 12 - 21]http://www.moe.gov.cn/jyb_xwfb/s5147/202006/t20200623_467784.html.

相互竞争、相互包容、相互激荡,共同促进世界教育的繁荣和发展。提高基础教育对外开放水平是全球化背景下世界教育发展趋势的新判断,是中国教育持续改革开放的新举措。

3. 国际化大都市发展需要相匹配的教育供给

经济全球化的深入发展,跨国界的物流、人流、资本流、技术流、信息流加速流动与集聚,一些城市借助自身的优势与良好的发展战略,成为具有全球经济、文化或政治影响力的国际大都市。它们居于全球城市体系金字塔的最顶端,位于全球政治、经济、文化网络的主要结点上,影响着世界政治、经济、文化的发展。进入 21 世纪,国际大都市的格局因时代与科技的发展不断发生变化。以上海市为例,上海正在向国际大都市发展,科教兴市战略既是构建国际大都市的必由之路,更要求教育通过改革来适应这一城市发展的需要。

从教育的视角看,国际大都市对教育的需求有以下五个关键的共有特征,即教育的高端化、多元化、市场化、国际化与数字化。

教育的高端化主要源于高新产业的崛起、高新技术的研发、国际金融与经贸的高科技经营、高科技创新人才的集聚。由于城市的发展需要大量高素质的专业人才和创新人才,要求教育须承担起培养拔尖创新人才的重任,为供应这些人力资源打下坚实的基础。

教育的多元化主要源于城市的支柱产业、人口结构、文化生活、工作语言、经营方式及资源开发渠道等方面。多元化要求办学模式的多样化、教育内容的多样化、课程类型的多样化、教学方式的多样化。

教育的市场化主要源于资本流的集散程度高、要素市场与产品市场的完善、市场服务中介与法律制度的健全等。市场化要求部分地引入现代经营理念来思考教育问题——教育在一定程度上产业化,面向市场办学,使得各类教育资源得到有效配置。

教育的国际化主要源于各类资源的跨国界流动,表现在人才、资源、技术、资金等要素的流动。

国际化要求教育创设相应的人文环境、语言环境,与国际化的标准相匹配,比如,针对外籍人士常住人口增多的状况形成一定规模的对外教育,构建与国际教育相衔接的多重接口。

教育的数字化主要源于国际大都市为抢占信息时代的制高点,积极营造数字化的生产、生活环境,推动人们生产方式、生活方式的数字化革命。数字化环境的建设将为教育带来诸多机遇——通过构建数字化校园系统、开发基于数字平台的课程与教材、推进数字化的教育管理与教师培训等变革,提高教育系统及人力开发的效率。[①]

国际化大都市的发展要求基础教育做出相应的变革,基础教育对外开放是国际化大都市发展的必然选择,建立与国际化大都市相匹配的基础教育对外开放发展支持系统已经成为基础教育适应国际化大都市发展的应然之意。[②]

随着国际大都市的发展,其基础教育须做出相应的变革,这种变革至少体现在以下五个方面:

一是要以国际化大都市基础教育为基准,开展人才的早期培养。国际大都市基础教育体系中的学校基准应显著高于一般城市,在建设这些高质量、高层次学校的过程中,要以世界一流的名校作为参照系,建成一批国际水平的基础教育名校。

二是要提高教育的核心竞争力。大都市的国际化需要多元文化(其中包括中国优秀传统文化)背景的人才。在推进基础教育对外开放的进程中,既要通过与国际主流教育的比较与交流,找到教育改革的切入点,形成与世界教育相衔接的诸多接口,也要融合自身的优势与长处,注重优秀传统文化的传承与创新,在国际化与本土化融合中提升核心竞争力。

三是要成为全国乃至更大范围内的教育高地与教育中心。国际大都市的基础教育既要为本地区的学生提供优质的教育,也要为非本地区学生提供优质的教育。此为敛聚人才所使然,是推进城市国际化必须思考的问题。

四是要让高选择性与现代化成为学校课程的特征。高选择性可以从两方面来理解。一方面,国际大都市人口的多样化使教育的对象不再局限于某一地区与某一国家的受教育群体。多样化的受教育群体的教育需求不一样,只有加大内容的选择性才能满足多样化的教育要求。另一方面,发展的差异性决定了每一位受教育者都有自身的优势潜能领域,提高课程的选择性是开发学生的优势潜能、满足个体差异性需求的有效途径。学校课程的现代化要以发展学生的现代素养为导向。学生现代素养的发展不应以学生现代知识的占有率为判断标准,应以能否正确地分析现实问题与迎接各类挑战来评判。

---

① 唐盛昌.国际大都市的基础教育改革[J].上海教育,2005,Z1:15 - 16.
② 李军.上海基础教育国际化发展的支持系统建设[J].世界教育信息,2014(10).

五是要构建数字教育。为此,须变革传统的教育观念、教育思想与教育模式,实现观念创新;采用新的技术手段,实现技术创新;对原有的课程体系进行重新审视,实现课程创新;大力推进对教师的培训,实现师资创新;建设数字化环境下的教育行政体系,建立在数字化环境下高效运作的现代学校制度,实现制度创新。[①]

4. 对优质教育资源的需求已成为社会关注热点

经济全球化带动了人才流动全球化,进而推动教育朝着全球化方向发展。教育全球化发展的实质是教育资源的全球配置与共享。这不仅是经济全球化的一种结果,同时也为经济全球化提供着人才支持。一般来讲,教育资源的构成,可以分为主体要素和关联要素。主体要素指教师、学生、课程和设施,关联要素指品牌、资金、市场和管理。教育资源的主体要素中课程是核心要素,课程包括课程设计、教学大纲、教材、教法以及考试等内容,直接体现着教育资源的质量。没有课程,教师和学生就无法进行教育活动,也无法吸引资金,更不能形成品牌。所以,教育资源的引进或者输出的关键在于课程。由于世界各国情况不同,课程体系各异。许多国家都在开展合作办学,其实质就是引进或者输出课程,实现教育资源共享,做到优势互补。

教育资源的全球配置与共享问题涉及诸多领域,值得深入研究。仅就中国的情况来看,当前教育资源的全球配置与共享的影响,突出表现在出国留学、来华留学与中外合作办学等方面。中国在加入世界贸易组织(WTO)之后,需要大批通晓国际规则和具有对外实践经验的人才,而国内教育资源相对不足,需要借助外国教育资源加以培养。同时,许多国家也需要大批熟悉中国情况的人才,以便发展同中国的关系,而自身教育资源短缺,无法实现培养目标,也必须利用中国的教育资源进行补充。根据教育部公布的数据,1978—2018年底,我国各类出国留学人员累计达585.71万人。其中:153.39万人正在国外进行相关阶段的学习和研究;432.32万人已完成学业;365.14万人在完成学业后选择回国发展,占已完成学业群体的84.46%。[②]

与改革开放初期相比,无论是出国留学还是来华留学,中国的留学国别也从

---

① 唐盛昌.国际大都市的基础教育改革[J].上海教育,2005(2).
② 教育部.2018年度我国出国留学人员情况统计[EB/OL].[2020 - 12 - 21]http://www.moe.gov.cn/jyb_xwfb/gzdt_gzdt/s5987/201903/t20190327_375704.html.

单一走向了多元化。改革开放初期,出国留学以美、日等科技发达国家为主,目前,中国已与188个国家和地区、46个重要国际组织建立了教育合作与交流关系,与54个国家签署了高等教育学历学位互认协议。2020国际教育服务贸易论坛上,教育部国际合作与交流司司长刘锦在此次论坛上介绍,中国是全球最大留学生源地国,出国留学人员约有160万人,目前在海外约140万人。在来华留学方面,中国政府设立了"丝绸之路"奖学金项目,助力"一带一路"人才培养,同时打造"留学中国"品牌;来华留学学历生比例逐年提高,2019年已达54.6%。此外,中国还持续加强中外合作办学,目前在办的各级各类中外合作办学机构和项目达2282个。[①]

留学生的交互流动与人数变化,从一个侧面反映教育资源的供求情况,至少说明在利用教育资源培养人才方面,中国需要世界,世界也需要中国。

5. 国外的成功经验可以为我国的基础教育提供借鉴

随着国家坚定不移实施科教兴国战略和人才强国战略,坚持优先发展教育,大力推进教育领域综合改革,持续加大教育投入,教育现代化加速推进,目前,我国教育总体发展水平进入世界中上行列,取得了全方位、开创性的历史性成就。[②]

但是,就教育的具体领域来讲,我国教育发展还存在诸多发展空间,例如,普通高中教育正处于普及攻坚、课程改革和高考综合改革三大改革同步推进的关键时期,特别是高考综合改革,提出要探索"两依据、一参考"的录取模式,对普通高中学生的选课走班、教学组织、综合素质评价等提出了新的要求;高中教育需要进一步克服"唯分数论""唯升学论"的不良导向,实现三个转变,即从"应试"教育模式向"全面育人"教育方式转变,从以"升学"为目标向"升学与生涯辅导相结合"目标转变,从高中教育"分层发展"向"分层与分类相结合"方向转变。[③] 而在义务教育阶段,进入新时代,面对社会主要矛盾的变化,人民群众的教育需求正在由"有学上"向"上好学"加速转变,亟须深化教育教学改革,进一步提高义务教

---

① 新华网.中国已与54个国家签署高等教育学历学位互认协议[EB/OL].[2020 - 12 - 21]http://www. xinhuanet.com/2020-09/05/c_1126457117.htm.

② 教育部.绘制新时代加快推进教育现代化建设教育强国的宏伟蓝图[EB/OL].[2020 - 12 - 21]http:// www.moe.gov.cn/jyb_xwfb/s271/201902/t20190223_370865.html.

③ 解读《国务院办公厅关于新时代推进普通高中育人方式改革的指导意见》[EB/OL].[2020 - 12 - 21] http://www.moe.gov.cn/fbh/live/2019/50754/.

育质量,促进学生全面发展、健康成长,努力办好人民满意的义务教育。义务教育还存在一些亟待解决的热点难点问题,迫切需要深化教育教学改革,全面提高义务教育质量。[1] 我国基础教育仍需向国外优秀教育模式借鉴,以提升我国教育质量。

6. 外籍学生期待更多的涉外教育服务

近年来,随着中国国际地位的提高,中国文化在世界上知名度和影响力与日俱增,中国优秀传统文化已经成为吸引外籍学生,特别是亚洲学生来中国就读的重要因素。而与其他城市相比,上海的文化更具有现代化、多元性。上海的海派文化对上海、长三角地区乃至全国,都产生了深远影响。它融合了含蓄温和的吴文化和激越奋进的越文化,并与国外文化兼收并蓄,在这里不仅能学习中国传统文化,还有机会接触世界各地的不同文化。

随着 2001 年我国加入 WTO 并做出教育服务承诺以来,上海市的改革开放力度不断加大,上海市外国学生也不断增加,并逐渐形成一定的规模。在外国学生群体中可划分为两个层面,高校中的外国学生通常被称为外国留学生,中小学层面的外国学生被称为外籍学生。随着来沪投资、工作的外籍人士的增加,中小学层面的外籍学生势必将成为上海教育服务业的新增长点。[2]

上海市教育主管部门近年来明确了把积极发展外国学生事业作为推动上海教育参与教育国际化发展的一个重要突破口。上海市教委给予了较多的优惠政策,例如,拟定外籍人员子女学校的办学设置标准,会同社团管理局参照外商企业团体法人登记的方法对国际学校进行登记试点,充分尊重外籍人士自由选校的权利,等等。教育部门之外的其他机构对外籍家庭的优惠政策也体现出了政策优势和人性化的一面,所有这些为吸引外籍学生来沪就读创造了良好的政策环境。

同时,上海市发展外籍学生教育的过程中存在着以下一些问题:

一是管理问题。首先,管理经验不足。有些部门间责任划分不明确,有重复管理现象。其次,在学籍管理、成绩管理以及升学、考试与评价等方面,目前缺乏一套完整的与外籍学生入学、毕业相衔接的外籍学生教育管理体系。此外,如升

---

[1] 《关于深化教育教学改革全面提高义务教育质量的意见》发布会[EB/OL].[2020 - 12 - 21]http://www.scio.gov.cn/xwfbh/xwbfbh/wqfbh/39595/40938/index.htm.

[2] 闫温乐.透视上海外籍中小学生教育[J].现代中小学教育,2005,11:9 - 11.

旗仪式、爱国教育、早恋等由于文化差异带来的学校与家长在之间的意见分歧也不容忽视。

二是体制问题。首先,学费方面制度不明确。现在中小学层面的外籍学生收费,各学校的差异很大,存在着无序竞争的现象。其次,在升学考试体制方面不明确。一些外籍学生想参加中考,但政策不明确,给学校执行带来一定困难。

三是生源、教学等方面的问题。有的学校为了达到数量上的要求,不进行外籍学生入学的测试,什么学生都收;有些区政府为了招商引资,鼓励学校发展外籍学生教育,在追求数量的同时忽视了内在质量的提高。同时,外籍教师队伍不稳定,教学质量需要加强。

7. 中国教育正在走向世界

改革开放以来,中国同世界联系更紧密,中国国际地位和国际影响显著提升。"走出去"战略,是我国在新的历史时期的新选择。从企业"走出去"发展外向型经济,到文化"走出去"提升增强国家文化软实力,中国以更广阔的视野观察世界、思考自身,不断拓展对外开放的新空间。同样,中国教育"走出去",是国家在新形势下高瞻远瞩、着眼全局作出的判断。

党的十八大以来,教育对外开放的蓝图更清晰,布局更宽广,助力更显著,品牌更鲜明,影响更深远。随着我国教育整体水平跃居世界中上行列,中国的教育合作伙伴已遍布全球,同与教育相关的重要国际组织开展了密切合作。中国在全球范围的国际学生流动中占据了举足轻重的地位,是世界最大的国际学生生源国和亚洲最大的留学目的地国。中外合作办学作为教育对外开放的重要载体实现了蓬勃发展。

随着中国与世界的联系日益紧密和共建"一带一路"持续深入推进,"走出去"办学日益成为我国教育对外开放的重要内容。目前,我国高校在近 50 个国家举办了 100 多个不同类型和层次的境外办学机构和项目。此外,国际中文教育方兴未艾,孔子学院(孔子课堂)及其在线平台为各国各界人士学习汉语、了解中国文化创造了有利条件。[①] 各地华人、华侨把孔子学院当作维系民族情感的纽带,其他民族则把它当作了解中华民族的窗口。中国教育"走出去"战略的作

---

① 加快和扩大教育对外开放,大力提升我国教育的国际影响力——教育部国际司(港澳台办)负责人就《关于加快和扩大新时代教育对外开放的意见》答记者问[EB/OL].[2020 - 12 - 21]http://www.moe.gov.cn/jyb_xwfb/s271/202006/t20200617_466545.html.

用和效果显著。以和为贵、平等相待,继承了儒家文化的孔子学院因不强加于人而受人欢迎,中国与世界各国,在这里架起一座相互了解、深化交流的友谊之桥,孔子学院也因此形成了中华文化"走出去"的知名品牌,承担起公共外交的重要责任。

我国还将扩大在线教育国际辐射力,支持各级各类学校和机构开发具有中国特色和国际竞争优势的专业课程、教学管理模式和评价工具,借力"中国教育云",建立中国特色国际课程推广平台。

2009年年末,世界各大媒体的显著位置出现这样一条消息:中国上海在经济合作与发展组织[简称经合组织(OECD)]"国际学生评价项目"(PISA)测试中,学生的阅读、数学和科学成绩均名列第一。这项有34个成员国和多个伙伴国参加的国际项目已实行多年,被视为衡量各国教育质量的重要依据,而中国是首次参加。一时间,中国教育的优势、质量、方法成为世界各国热议的话题。2016年5月17日,由世界银行举办的"公平与卓越:全球基础教育发展论坛"在上海隆重召开,论坛的主题为"上海基础教育发展经验分享",来自世界银行和30多个国家的共计130多名教育官员出席本次论坛,推动上海教育走向世界,加强与世界各国的交流合作。

2017年11月,100多个国家和地区会员代表以"无辩论"通过的方式作出决议,将"联合国教科文组织教师教育中心"落户中国上海,其有四大任务:知识生产,即为教师教育发展理论的研发提供学术支撑;能力建设,为各国的教师教育提供各类支撑,提升各国的师资质量;信息交流,提供一个交流平台,汇聚世界各国教师教育以及教育的可持续发展的先进理论和经验;技术支持,为世界各国的教师教育提供技术支持和咨询服务。

8. 基础教育对外开放研究已然成为热点

随着经济全球化进程的深入、信息技术的日新月异,教育国际化已成为当今世界教育改革和发展的重要趋势。虽然对教育国际化的理论关注和实践探索最初更多地聚焦于高等教育,但是从20世纪80年代开始,基础教育对外开放逐渐成为许多国家和地区基础教育改革的重点。[①] 我国自改革开放以来,伴随着社会主义市场经济体制的不断完善,基础教育对外开放也在快速推进。特别是2005年以来,有关国际交流合作的相关法律规范更加完善,涉及的内容更加明

---

① 陈如平,苏红.论我国基础教育的国际化[J].当代教育科学,2010,14:3-7.

确，为基础教育对外开放提供了政策依据，提出了新的管理和运行机制。各地教育行政部门从地区教育发展的实际出发，制定了旨在促进教育国际交流与合作的管理规定，引导当地中小学教育机构积极开展多种形式的国际化活动，取得了明显的成绩。

本书以专著、学术论文和研究报告为分析单位，以中国期刊网为主要检索工具，分别输入"基础教育对外开放"和"基础教育国际化"关键词，在主题检索中获得文献 452 篇，使用 Note Express 软件进行去重分析，得到能实际反映我国基础教育对外开放和国际化情况（以标题中出现"基础教育对外开放"或"基础教育国际化"关键词为分类标准）的论文 127 篇，其中 2003—2009 年 6 篇、2010—2020 年 121 篇。可见，近十几年关于基础教育对外开放与基础教育国际化的研究文献总量不多，但是每年开发数量呈现逐年缓慢增多的趋势。2010 年以前，研究基础教育对外开放和国际化的学术论文每年的刊发数量在 5 篇以下，2010年起，刊发数量有了明显增长，到 2014 年达到了峰值 28 篇；2015 年以后，每年的论文发表数量出现小幅度下降，但均保持在 10 篇左右。总体而言，我国基础教育对外开放和国际化科研论文的数量经历了从低迷徘徊到持续稳定增长的过程，这种变化与我国教育对外开放战略推进程度密切相关。

（二）上海教育发展及浦东新区的国际化定位对教育国际化提出现实需求

1. 浦东新区教育对外开放在上海教育发展及浦东新区开发基础上取得长足进展

上海教育历经百年积淀，伴随中华人民共和国的建设和发展，实现了持续进步。特别是改革开放以来，在党中央、国务院的坚强领导下，在全市各方面的共同努力下，上海教育取得了前所未有的巨大成就，为未来发展奠定了良好的基础。各级各类教育全面发展，办学条件显著改善，素质教育不断加强，教育质量进一步提高。

进入新时代，上海开启的建设具有世界影响力的社会主义现代化国际大都市新征程，落实国家重大战略，加快建设国际经济、金融、贸易、航运和科技创新"五个中心"，全力打响上海服务、上海制造、上海购物和上海文化"四大品牌"，加快提升城市能级和核心竞争力，城市发展对教育的需求、对科学知识和优秀人才的需要，比以往任何时候都更为迫切。

在《上海教育现代化 2035》中，上海教育未来发展的战略定位之一就是要承担起"教育开放引领区"的重大使命,以更加主动的教育开放战略为引领,建成面向全球的教育对外开放门户,全方位拓展开放的广度和深度,强化学习合作交流机制,提升全球优质教育资源配置能力;参与全球教育治理,提供国际教育服务,增强同"一带一路"沿线国家教育合作,提升上海教育的国际影响力。

在战略实施路径中提出:要扩大教育开放,提升教育国际影响力和竞争力,强化全球优质教育资源配置能力,实现更高水平的教育开放;提升教育交流合作层级,积极参与世界教育治理,主动贡献和分享教育改革发展经验,为国际社会提供更多的教育公共产品;在区域教育发展中发挥引领作用,将上海建设成为全球优秀人才集聚高地。

浦东新区是上海市的一个副省级市辖区,"浦东"与"浦西"对应,范围包括黄浦江以东到长江口之间的区域,西南面与奉贤区、闵行区接壤,西面与徐汇区、黄浦区、虹口区、杨浦区、宝山区五个区隔黄浦江相望,东北面与崇明区隔长江相望。全区面积1 429.67平方公里,2018年,浦东常住人口总量555.02万人,是上海市人口最多的行政区。2019年上海市浦东新区GDP达到12 734亿元,以全国1/8 000的面积创造了1/80的GDP、1/15的货物进出口总额,成为我国改革开放的重要标志和上海现代化建设的缩影。

2005年6月21日,国务院批准浦东新区进行全国首个综合配套改革试点。2013年9月29日,中国(上海)自由贸易试验区(简称自贸试验区)在浦东新区挂牌成立,按照国务院批准的总体方案,着力推进投资、贸易、金融、事中事后等领域的制度创新。自贸试验区建设以来,累计总结了100多项制度创新成果,分领域、分层次在全国进行了复制推广。

新思想引领新时代,新目标开启新征程。浦东新区坚持稳中求进工作总基调,坚持新发展理念,按照高质量发展的要求,统筹推进经济建设、政治建设、文化建设、社会建设和生态文明建设"五位一体"总体布局和协调推进全面建设社会主义现代化国家、全面深化改革、全面依法治国和全面从严治党"四个全面"战略布局,全力做好稳增长、促改革、调结构、惠民生等各项工作,努力把浦东新区建设成为上海服务、上海制造、上海购物、上海文化品牌的核心承载区,勇当新时代全国改革开放、创新发展的标杆。

在教育方面,浦东新区现有幼儿园319所、普通小学161所、普通中学163所、特殊教育学校3所、职业技术学校7所(区属)、中等专业学校8所。在校小学生20.03万人,在校中学生14.06万人,职业技术学校学生1.21万人,中等专

业学校学生 0.83 万人,在园幼儿数 13.2 万人。民办中学 27 所,在校学生 1.43
万人。民办小学 31 所,在校学生 1.96 万人。外籍学生数 1.3 万人,教职工数
4.8 万人,外籍教师 587 名。教育体量占到全市的 1/4。[①]

浦东新区区委、区政府历来十分重视教育工作,坚持把教育事业放在全局工
作的优先位置,着力发展更高品质的教育,努力满足经济社会发展和人民群众对
教育的新需求,为服务浦东新区"四高战略"和改革开放再出发提供人才保障和
智力支持。

基于此,浦东新区教育正在以扎根中国、放眼世界、面向未来,以更高远的历
史站位、更宽广的国际视野、更深邃的战略眼光,以加强党对教育工作的全面领
导为根本保证,以全面贯彻党的教育方针为根本方向,以培养德智体美劳全面发
展的社会主义建设者和接班人为根本任务,以加快建设高水平、高质量的教育现
代化、办好人民满意的教育为主线,以全面建设区域教育综合改革创新示范区、
高水平基础教育优质均衡领跑区、全方位多层次教育对外开放引领区、科技创新
人才培养模式改革试验区、治理体系和治理能力现代化先行区"五区战略"为总
体目标,奋力打造"五育并举、公平优质、开放融合、活力创新"新时代更高品质的
浦东新区教育。

教育对外开放是现代教育的重要发展趋势,是国家教育改革发展进入新的
历史时期的必然选择,也是浦东新区教育事业的一个重要组成部分。为适应奋
力打造"五育并举、公平优质、开放融合、活力创新"新时代高品质浦东教育需要,
实现培养出更多适应浦东社会经济未来发展需要的具有国际竞争力的高素质人
才的目标,浦东新区近年来始终坚持推进基础教育对外开放进程。

经过多年的努力与实践,浦东新区基础教育对外开放取得长足发展,主要表
现在:

第一,创新发展理念,制定浦东新区基础教育对外开放整体规划。

为更好推进基础教育对外开放发展,浦东新区对基础教育对外开放工作进
行了整体规划与设计。"十一五"末期,浦东新区启动了对基础教育对外开放发
展情况的专项调研,形成了专项报告;对浦东新区基础教育对外开放发展状况进
行了全面梳理,为"十二五"期间浦东新区基础教育对外开放发展提出了建议。

---

① 浦东年鉴(2019)[EB/OL].[2020 - 12 - 21]http://www. pudong. gov. cn/shpd/about/20200608/
008006033003_e5faafed-034d-4f39-9409-3ba9d8b6f9b8. htm.

"十二五""十三五"期间,浦东新区将基础教育对外开放作为教育发展五年规划的主要任务之一,在师资队伍建设、中外课程合作、对外交流等方面做了专门阐述。

围绕上海教育发展方向和浦东区域发展要求,浦东新区先后发布了两个教育对外开放的"三年行动计划"。在 2019 年 1 月发布实施的《浦东新区教育对外开放三年行动计划(2019—2021 年)》中,从区域层面对教育对外开放工作做了部署。希望通过几年的努力,争取到 2021 年,浦东新区教育对外开放制度规则体系基本成型,中外优质教育资源合作水平得到进一步提升,师生的跨文化交流与全球胜任力不断增强,学校开展国际交流与合作的广度和深度有效拓展,国际理解教育成为区域特色,国际教育服务水平不断提高,与全球城市核心区和国际化大都市相匹配的教育对外开放体系不断完善。

2019 年 9 月,浦东新区召开教育大会,明确将浦东新区建成"全方位多层次教育对外开放引领区",同时,在《浦东教育现代化 2035》中,将教育对外开放作为浦东新区教育未来发展的战略定位,并将"形成对外开放,多元融合的发展格局",作为浦东新区教育发展四大主要发展目标之一。

第二,不断优化结构,致力提升国际教育能力与中外优质教育资源合作水平。

一是有力推进境内外基础教育交流。近年来,浦东新区对外教育交流合作不断趋于常态化。目前,浦东新区约有 50 所学校分别与美国、英国、澳大利亚、芬兰、日本、韩国、德国、法国、加拿大、新加坡等国家和地区的中小学建立友好结对。2019 年全区共有 60 余所学校与国外学校开展校际交流活动,分别成功开展了在教育部、市教委、市友协、浦东新区政府、浦东新区教育局以及浦东新区小学指导中心等各级别项目合作交流框架下的各项交流活动。除此以外,还有众多丰富多彩、各具特色的夏(冬)令营、比赛、演出等形式的交流活动。例如,浦东新区青少年活动中心与美国芝加哥市西区音乐中心的交流互访,浦东新区学校参加 DI 青少年创新思维竞赛全球总决赛及 OM 头脑奥林匹克青少年创新思维竞赛全球总决赛,等等。

此外,浦东新区还通过主办、承办或者协办国际教育会议和国际教育论坛,营造国际教育学术氛围,产生了一定的集聚效应。论坛瞄准世界教育前沿,介绍先进的教育理念和办学成果,为中外基础教育搭建了相互了解,取长补短的平台,拓宽了内外交流的渠道,向国内外教育界同行充分展示浦东新区基础教育对外开放发展的现状与愿景,使浦东新区进一步具备开放的胸怀和全球的视野,力争使浦东新区成为国际教育文化集聚、交流的枢纽和重要平台之一。

二是优化涉外教育资源,积极促进浦东新区国际教育服务能力提升。随着浦东新区国际化水平的不断加速提升,选择居住在浦东新区的外籍人士数量也不断增多。面对这一群体的教育需求,浦东新区积极优化设点布局,引进国际优质教育资源,适应新区外籍人员及其子女的教育需求。上海纽约大学、上海哈罗外籍人员子女学校、上海惠灵顿外籍人员子女学校相继落户浦东新区。截至目前,浦东新区已有外籍人员子女学校(含浦东校区、幼儿园及补习中心)共 13 所,在浦东新区就读的境外(含港澳台地区)学生占全市的 1/3 强。

浦东新区还积极鼓励、支持具有招收外籍学生资质的学校扩大国际学生的人数比例和生源的国别范围,尽可能满足外籍学生的多样化就学需求。更为重要的是,浦东新区采取可行措施,支持外籍人员子女学校、公办学校国际部不断提高教育教学质量,让更多落户浦东新区的外籍人士子女接受适合的优质教育。

三是积极加强中国文化传播。通过开展浦东新区学校与驻区外籍人员子女学校联谊活动,以校长交流会、文艺活动、体育比赛等形式,连续 11 年开展了境外学生学习中文或才艺展示活动,增进了学校间和学生间的双向交流与合作,提高了学生国际交往能力,对外塑造浦东新区青少年健康向上的良好形象。

第三,注重队伍建设,加强具有国际对话能力校长教师培养。

近年来,为了提升校长的办学水平和教师的教学素养,浦东新区通过在海外教育发达地区建立海外研修基地及姐妹城区框架下的教育合作等形式,不断加大校长教师的境外研修学习,通过境外培训来提高校长和教师的国际交流与对话能力。2011 年,浦东新区派遣 77 名校长和 35 名教师赴境外挂职锻炼;2012 年,选派 90 名校长和教师赴境外研修;自 2014 年起,浦东新区每年都积极推荐有关学校及教师参加中英数学教师交流项目基地学校及数学教师选拔,入选的学校和教师逐年增加,2019 年,浦东新区有 13 所小学和 5 所初中 22 名教师入选 2019—2020 年度中英数学教师交流基地学校赴英教学教研。

自 2014 年起,浦东新区还积极组织有关学校参加上海市教委的"上海市校长、教师赴外籍人员子女学校伙伴研修项目"。2019 年,浦东新区 3 所学校(幼儿园)分别与德威国际学校、上海法国国际学校、上海外国语大学附属中学国际部合作开展为期 8 周、每周不少于 3 天的集中研修。浦东新区还建立了浦东惠灵顿国际教育课程研究联盟,通过课程合作与师资研训等方式,加强浦东新区中小学与区内外籍人员子女学校的联系,打破原有壁垒,互通有无,增进彼此交流与融合。

2019 年,浦东新区有 90 名教育管理人员、校园长、优秀教师参加涉外研修交流。其中包括优秀教师赴美研修项目、市级教师专业发展学校校园长赴芬兰研修项目、上海市教委综合课程创造力研究浦东基地学校校长赴英国研修项目、新任校园长赴加拿大研修项目,以及随市教委的各类研修培训项目。在项目实施过程中,采用行前培训、行中跟踪、归后辐射三段式管理模式,提升研修质量、放大研修效益,对标国际一流,帮助浦东新区教师创新教育理念,提升教育教学策略。

外籍教师是学校教师队伍的重要组成部分,是浦东新区了解外籍教师所在国社会和文化、借鉴国际先进教学经验、提高中小学教学水平、打造品牌学校的途径之一。目前,浦东新区共有 500 余名外籍教师执教于普通公民办学校。

经多年努力,浦东新区已初步拥有一支专兼职合理搭配、能够实施国际化课程的区域海外专家队伍。通过科学布局、错位发展增设外语语种,重点开设国际通用语言、世界主要发达国家语言以及浦东新区经济社会发展急需语言,提高学生国际交往能力,带动本土校长教师对外交往能力提升,为人才的国际化成长奠定基础。

第四,关注内涵发展,持续开展中外融通的课程资源开发。

课程是教育资源的核心,聚焦课程资源的开发和利用,加强比较研究,挖掘先进要素,将中国课程的文化精髓和国外先进课程理念与教学方法进行融合,丰富新区现有的教育资源,满足不同人群教育需求和个性化发展,推进学生个性化知识构成,培养学生的创新思维,是提升学生国际竞争力,为国际化人才培育奠基的重要途径。

建立区域性国际理解课程开发、培训、推广制度,在打造一批具有国际教育能力的教师基础上,结合浦东新区教育整体综合改革的背景,2019 年,浦东新区持续组织和实施了跨文化素养培育框架下的"一带一路"中外双师联动课程项目、国际戏剧课程项目、中外"博物馆十"课程项目、促进学习的评价项目等,以师生跨文化素养培育重心,实施了一系列中外融通的课程资源建设项目。

在开展项目实践的同时,浦东新区着手制定《浦东新区中小学跨文化素养培育课程实施意见》,对中小学校开展跨文化素养培育课程的理念、目标、内容、实施与评价等方面做出整体性的规划,以此来指导未来学生跨文化素养培育的研究与实践工作。

第五,加强基础建设,为基础教育对外开放发展提供保障。

一是注重基础教育对外开放发展的长效机制建设。浦东新区通过政府多部门合作共同推进基础教育对外开放,形成跨处室、跨部门的联动机制。2012年,浦东新区成立浦东新区教育国际交流中心,顺应基础教育对外开放内涵发展需要,为未来浦东新区基础教育对外开放搭建教育国际合作与交流的支持平台。以浦东新区教育国际交流中心为牵头单位,建立起推进新区基础教育对外开放进程的常态机制,通过完善基础教育对外开放的制度与规则体系,调整和优化政府公共教育投入比例,加大政府在基础教育对外开放方面的经费投入,形成指导、管理、服务新区基础教育对外开放的工作网络。

二是加强对外合作交流干部培养,培养一批从事基础教育对外开放的干部及教师队伍。随着国家和上海市中长期教育改革和发展规划纲要的发布,为了进一步推动区域基础教育对外开放的工作进程,浦东新区于2010年开始着手培养一批学校的对外合作交流干部,指导、帮助基层学校开展有效的教育国际合作、交流,学习和掌握必要的国家外事工作政策与规章制度,提升基层外事干部处理外事实务及相关能力。至今已经10年举办学校外事干部培训班,制订外事干部会议方案和课程计划,收集学员信息及做好学校外事干部信息档案工作。在外事干部培训班中,通过对出入境管理、聘外工作、外教管理、外事礼仪、外事纪律以及外交形势等方面开展系统培训,逐步建立、健全新区基础教育对外开放学校外事干部队伍。目前,新区中小学、幼儿园中已经拥有一支具有较高政策水平和较强工作能力的教育外事干部队伍,实现外事工作由接待事务型向管理服务型的转变。

2. 浦东新区基础教育对外开放发展中的瓶颈与不足

经过这些年的努力,虽然浦东新区已经取得了一定的成果,凝练了一定的经验,但仍然面临着许多挑战,存在着一些亟待突破的瓶颈和难点。

(1)基础教育对外开放的步伐跟不上浦东新区区域经济社会发展的速度。虽然近些年基础教育领域内的对外交流与合作在持续稳步增长,但相对于浦东新区的整体经济社会发展水平而言,其增长速度还不够快。浦东新区区域内拥有全市最大体量的学校、学生和教师,但目前所开展的对外交流与合作的规模,与浦东新区改革开放再出发对基础教育发展的要求还不匹配,未来还需要继续加快和加强基础教育对外开放的步伐和力度。

（2）基础教育对外开放的水平参差不齐。由于区域发展不均衡，目前浦东新区学校在对外交流与合作的发展程度上存在着较大的差异。一方面，部分学校在对外交流与合作方面已经取得了令人瞩目的成绩；另一方面，仍有很多学校从未开展过任何实质性的活动，部分学校所开展的活动还流于形式。因此，改变观念、积极应对、加强指导和引领、提升浦东新区学校的自身建设是促进对外交流与合作的关键。

（3）基础教育对外开放的能力与深度不够。虽然浦东新区已经与美国、英国、芬兰等国建立起教育合作机制，但从区域整体来看，浦东新区的基础教育对外开放深度有待提升，特色还不够凸显，一些学校开展教育对外开放的意识和能力建设亟待加强。在今后的工作中如何深化交流与合作，不流于形式、不停留在表面，注重与专业结合，真正地将优质资源注入学校的课程和教学研究与实践中。

（4）基础教育对外开放的优质资源利用不足。虽然浦东新区已经重点开发了一些中外融通的课程与教学资源，但总体而言，受众面还是不够广。浦东新区有如此大的基础教育体量，仅仅依靠几个项目的实践和推进是远远不够的。浦东新区的专业团队要加强优质基础教育资源的选择能力，提高自身的研发能力，深入一线，挖掘浦东新区本土的基础教育资源，加大中外融通的课程开发与实践力度，学会借力，将国际上现有的优质资源为我所用，切切实实地造福浦东新区的学校和师生，培养具有中国心的未来接班人。

二、研究综述

我国教育现代化的进程是各层面教育面向世界开放、实施改革的国际化进程。基础教育对外开放是我国对外开放事业的重要组成部分，随着国家层面对外开放政策的推进而不断深化。在《国家中长期教育改革和发展规划纲要（2010—2020 年）》提出"扩大教育开放，加强国际交流与合作"要求后，本书基于基础教育对外开放研究的内容及特点，分析该领域的研究发展趋势，以期为新时代基础教育对外开放的研究与实践提供历史的展望。

（一）近 10 年我国基础教育对外开放学术研究概览

教育对外开放是指我国与他国之间教育领域的交流、合作；教育国际化也基本包含相同的内涵,是西方通用的表述方式。所以,两个概念在指代"教育领域的交流和合作"这一点上具同质性。因此,本书综合梳理基础教育对外开放和国际化两方面的研究成果。经过检索,2003—2009 年 6 篇 2010—2020 年的科研成果共计 121 篇。具体的检索数据分布如图 1-1 所示。

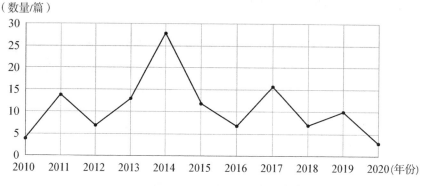

图 1-1　检索数据分布

数据可见,近 10 年关于基础教育对外开放与基础教育国际化的研究文献总量不多,但是每年开发数量呈现逐年缓慢增多的趋势。2010 年 5 月《国家中长期教育改革和发展规划纲要(2010—2020 年)》提出"扩大教育开放,加强国际交流与合作"总体要求,激发了 2011 年基础教育对外开放研究的热潮。2013 年,习近平主席提出建设"一带一路"倡议。教育由于具有先导性的特质而迅速回应政策,致使围绕国际教育交流与合作、教育国际化策略等学术研究又一次勃然兴起,关于基础教育对外开放的学术论文刊发量在 2014 年达到了 10 年来的最高峰。

本书将收集 121 篇论文,通过辨析标题、摘要和关键词进行主题分类,其结果为:理论研究 16 篇、应用研究 105 篇,如图 1-2 所示。其中,在应用研究成果中:基础教育对外开放、基础教育国际化实践路径相关研究 76 篇,占 63%;政策、实施模式研究 16 篇,占 13%;以课程为视角的研究 6 篇,占 5%;国别比较研究 7 篇,占 6%,如图 1-3 所示。在考察我国基础教育对外开放和国际化研究成果数量和主题分类的基础上,可以看出两个特点:第一,关于我国基础教育对外开放和国际化的应用研究多于理论研究,应用研究成果数量占总量的 87%;第二,研究内容相对集中,理论研究方面多聚焦于基础教育对外开放相关概念内涵,应用研究方面关注于基础教育对外开放实践路径研究,其成果数量占沿用研究成果数量的 63%。基于以上分析结果,本书将从对基础教育对外开放和国际化的概念内涵和基础教育国际化的实践策略两个方面来分析我国基础教育对外开放的研究现状。

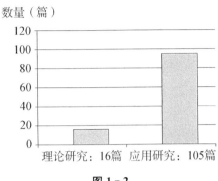

图 1－2

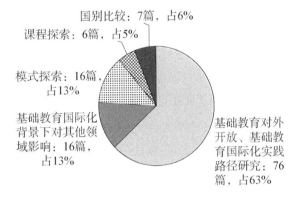

图 1－3

(二) 基础教育对外开放研究主要内容

1. 概念界定

(1) 我国基础教育对外开放和基础教育国际化概念。教育对外开放作为国家对外开放政策的重要组成部分,它涉及经济学、社会学、教育学范畴,是一个综合性的问题。教育对外开放的表述主要源于 1978 年 12 月党的十一届三中全会开始实行的"对内改革,对外开放"的政策,国家对外开放的语境生成了教育对外开放概念的辨析。在我国,教育对外开放政策主要是通过主动加强同世界各国的互鉴、互容、互通,形成更全方位、更宽领域、更多层次、更加主动的教育对外开放局面,推动教育对外开放实现高质量内涵式发展。①

国际化一词较早就出现在西方政治科学等领域。随着时代的变迁,西方话语中的国际化也在不断流变。我国教育国际化(internationalization of education)指的是从20世纪中后期起,国际间相互交流、研讨、协作,解决教育上共同问题的发展趋势,其特点表现为:①国际教育组织出现与发展;②国际合作加强;③各国通过改革使本国教育与国际发达教育趋同。在我国的价值取向是在坚持文化自信前提下,加强国家间文化教育交流与国际合作,是现代教育制度发展的必然要求。

我国的基础教育对外开放,首先,是以国家教育对外开放总体设计思路为前提,针对基础教育学段的教育对外开放。其与高等教育对外开放、职业教育对外开放一起构成我国教育对外开放的整体,是不可分割的一部分。其次,不同的发展动机和价值诉求影响着国家教育对基础教育国际化的理解和诠释。在新时代,我国的基础教育国际化,是指在教育部等8部门《关于加快和扩大新时代教育对外开放的意见》的指导下,以加强中小学国际理解教育、帮助学生树立人类命运共同体意识为具体内涵,以培养德智体美劳全面发展且具有国际视野的新时代青少年为培养目标,针对基础教育学段的对外教育交流和开放,其实现路径是以国际交流与合作为载体,萃取融合不同国家教育理念、教育方法、教育制度、教育模式的优点,实现本土化、合理化来促进国家基础教育发展。

从现有的教育对外开放研究资料来看,国内学界在如何界定教育对外开放和教育国际化这个问题上大致相同,而非多元,趋同于从国家对外开放政策的语境中辨析教育对外开放,强调教育对外开放和国际化的政策倾向:蒋凯指出教育对外开放是提高教育质量和建设高等教育强国的重要条件,有助于服务国际国内大局、促进文明交流互鉴、推动人类文明进步;②强调教育对外开放的交流、沟通特质:杨明全认为教育国际化是跨越国境所进行的教育,受教育主体可以在不同环境下进行沟通、交流、互动。③

(2)国外对基础教育国际化概念。直到20世纪90年代,研究者才逐渐有意识地去区分国际化教育(international education)、全球教育(global

---

① 教育部等8部门全面部署加快和扩大新时代教育对外开放[EB/OL].(2019-6-18)[2019-6-19] http://www.moe.gov.cn/jyb_xwfb/gzdt_gzdt/s5987/202006/t20200617_466544.html.
② 蒋凯.高等教育对外开放的回顾与前瞻[J].教育发展研究,2020(03)3.
③ 杨明全.基础教育国际化:背景,概念与实践策略[J].全国教育展望,2019,48(02):55-63.

education)、多元文化教育(multi-cultural education)等概念。然而至今,西方学界仍然未能明确跨境(cross border)、跨国(transnational)、无边界(borderless)、国际的(international)之间的细微差别,这也造成了教育国际化定义含混不清。总体而言,国外对基础教育国际化形成了两种定义模式:

一是哲学观定义模式。加拿大多伦多大学的简·奈特(Jane Knight)从过程哲学理念出发,认为基础教育国际化是过程的整合,是把跨国的、跨文化的或全球的维度整合到中学后(post-secondary)教育的目的、功能或教育手段之中的过程。[①] 即将教育国际化作为一个过程来看待,看重教育国际化的目的和功能,强调国际化的可持续性。日本的喜多秤和之教授认为,教育国际化其实就是让别的国家、别的民族来承认本国的文化,而且获得的评价是相对比较高的。对于某个国家来说,整体学术水平要想得到好评,首先要保证当地教育、研究点技能和制度在整个世界都具备通用性,通俗来讲,就是可以存在于整个国际,可以顺理成章地被外国的学者以及留学生接受。日本在教育上奉行西方文化普遍主义哲学,走教育全盘西化的发展道路。美国学者佛朗西斯科·马尔默勒吉(Francisco Marmolejo)关注国际化给教育带来的好处。他认为,如果有人问国际化的最大好处有哪些,前五项可能就是:提高学生的知识和能力准备,实现课程国际化,加强科研和知识的产出,培育国际合作和团结,增加学校的多元化和多样性。[②] 美国从实用经验主义把教育国际化归结为教育适应生活的教育生活本位说。

每个国家都有自己的教育哲学,而哲学观定义模式下的基础教育国际化的实质是将教育国际化看作是各国教育自为的发展结果,认为具有自发性、合理性。显然,我们应辩证地、批判地看待这些哲学观推演出来的基础教育国际化的定义和观点,在考虑事物同一性的同时,也应该考虑事物的差异性。基础教育国际化的"趋同性"对于西方发达国家和发展中国家带来的结果有本质的差异。一方面,西方发达国家作为趋同的"模板",欣然接受教育国际化"趋同"的必然趋势;另一方面,发展中国家作为趋同的被动接受方,如果不能坚持文化自信、制度

---

① Knight,J. Updating the Definition of Internationalization〔J〕. International Higher Education,2003(6):2-3.

② Marmolejo,F. Internationalization of Higher Education:The Good,the Bad,and the Unexpected〔EB/OL〕.(2010-10-22)〔2017-10-5〕http://www. chronicle. com/blogs/worldwise/internalization-of-higher-education-the-good-the-bad-and-the-unexpected/27512.

自信,教育国际化很有可能成为被西方价值观"模式化"的路径。如何在基础教育国际化的强大潮流中,寻找到合理的本土化路径,这应该是发展中国家推动基础教育国际化的一个重要挑战。

二是动因驱动定义模式。也有很多西方学者从驱动基础教育国际化根本动因的角度来分析基础教育国际化的本质。美国波士顿学院终身教授菲利普·G.阿特巴赫(Philip G. Altbach)认为:"基础教育国际化发展的根本动因,主要表现为基础教育需求日渐扩大,不管是出于利益考虑,还是为了让学生有更多入学机会,基础教育领域未来都会朝着跨国联合方向发展。"[1]德国学者薇拉·德马里(Vera Demary)认为:"德国现阶段人力资源难以满足就业市场的需求,因此越来越多的外来移民成为德国劳动力市场重要组成部分成为必然趋势。因此,未来德国基础教育将面临越来越严重的移民和民族融合问题,基础教育国际化势不可挡。"[2]德国学者克劳斯·迪特·沃尔夫(Klaus Dieter Wolf)指出:"国际组织在近些年逐渐成为民族国家基础教育改革发展的重要推动力。"[3]

动因驱动定义实质是以分析驱动基础教育国际化基本因素为出发点来归纳基础教育国际化的本质。其单一地从基于"解决问题"的角度来定义教育趋势和特点,明显带有功利主义和实用主义色彩。这种定义方式,一方面在客观上遮蔽了国际化的弊端的同时,容易陷入单纯的功利主义窠臼而不能全面评判其价值;另一方面直接导致由于经济发展不平等带来国家间基础教育国际化趋势走向的单一——国际化于西方发达国家确立的价值观和教育规则。因此,应辩证地看待动因驱动定义说,合理把握教育国际化带来的合理价值,积极规避西方文化给教育资本输入国带来的国家教育同质化。

2. 基础教育国际化的实践路径研究

(1)制定基础教育国际化的相关政策。西方发达国家在基础教育国际化方面的法制化走在世界的前列。他们认同为基础教育国际化提供法律和政策体系的支持,能推动基础教育领域的国际化的健康发展。西方发达国家在制定基础

---

① 菲利普·阿特巴赫,姜川,陈廷柱.全球化与国际化[J].高等教育研究,2010,31(02):12-18.

② VERA D, WIDO G, CHRISTIANE K G, et al. International isierung der Bildung [M]. Köln: Institut der deutschen Wirtschaft Köln Medien GmbH, 2013,4-5.

③ KERSTIN M, KLAUS D W. Paradoxien der Neuen Staatsräson-Die Internationalisierung der Bildungspolitik in der EU und der OECD [J]. Zeitschrift für Internationale Bezi ehungen, 2006,13 (2):145.

教育国际化相关政策方面体现出三个特点：一是法律政策发布时间早。大部分西方发达国家在 20 世纪末都制定了基础教育国际化的相关政策和法规。二是形成基础教育国际政策辅助链。从颁布第一个政策法规之后，陆续有相关辅助政策法规跟进，形成环环相扣的基础教育国际政策辅助链。三是制定的政策法规既有战略性又有具体操作性内容。例如，1991 年《美国 2000 年教育战略》将美国基础教育国际提上日程；2004 年，国际教育白皮书《全球化时代公民素养之准备》(*Preparing a citizenry for the global age*)，指出 K－12 学校实施和加强国际教育的方向；2005 年以后，美国颁布法规对国际间的交流与沟通进行具体规范，为教育国际化发展提供了重要保障；2012 年发布的《美国联邦教育部国际战略(2012—2016 年)》再次强调要通过教育国际化来促进美国在全球的发展。①

我国依照教育规律和国家顶层设计来规划设计新时代中国基础教育国际化的实践路径。2010 年《国家中长期教育改革和发展规划纲要(2010—2020 年)》、2016 年《关于做好新时期教育对外开放工作的若干意见》、2020 年教育部等 8 部门《关于加快和扩大新时代教育对外开放的意见》的颁行，充分体现了从"做好"到"加快"和"扩大"的教育对外开放顶层设计和发展思路，明确地方教育行政部门应把国家对基础教育对外开放发展思路与地方具体情况相结合，并制定相关政策以指导地方基础教育国际化的具体实施(见表 1－1)。

表 1－1　国内教育对外开放化战略规划一览表

地区	地方政策	实施典型项目
贵州	贵州省《中长期教育发展规划纲要(2010—2020 年)》	贵州省连续主办四届"中国-东盟教育交流周"
宁夏	《宁夏回族自治区教育对外开放规划(2016—2020 年)》、自治区党委《关于融入"一带一路"加快开放宁夏建设的意见》	2017 年 5 月，马来西亚英迪国际大学与宁夏师范学院、银川能源学院、银川九中签订了合作协议
云南	《云南省中长期教育改革和发展规划纲要》	2004 年实施《云南省政府奖学金招收周边国家留学生管理办法》
辽宁	《辽宁省中长期教育改革和发展规划纲要》	2008 年辽宁省推出了政府奖学金，以鼓励优秀的外国留学生

① Brighton Primary School. Brighton Primary School Strategic Plan [EB/OL]. [2015－04－01]http://www.brighton.vic.edu.au/strategic-plan.html.

　　我国地方性教育对外开放实施政策以"一带一路"为布局重点,构建扩大教育对外开放保障与支撑体系,开展教育对外开放的各项工作。各地区依据自身的地缘优势,与周边国家开展协同创新,合作共赢等具有共同体意识的多元教育对外交流活动。例如,贵州省制定了《中长期教育发展规划纲要(2010—2020年)》,抓住中国-东盟教育交流周的机遇,积极增设研究中心,围绕人才交流、项目推广等开展教育对外开放;宁夏回族自治区制定《宁夏内陆开放型经济试验区规划》《关于融入"一带一路"加快开放宁夏建设的意见》等,围绕推进外语教师人才、学术交流等开展教育对外开放活动。

　　(2) 基础教育对外开放实施模式探索。我国基础教育对外开放的实施模式通过基础教育的双向性合作来实现培养优秀人才,提高教育质量。双向性合作包括教育资本的输入和输出两个方面。随着教育对外开放政策实施的逐渐深入,目前我国基础教育对外开放的具体实施模式主要有三种:以引进来为主、以走出去为主和中外合作式。教育需求、教育成本和教育目的三者的联动成为三种实施方式利益权衡的基本影响因素,而教育国际化参与者之间的主体性关系也是选择实施方式的判断依据。

　　第一种以引进来为主的教育对外开放,其取向偏重于教育需求,必然导致教育成本的增加,主体性关系主要体现于教育资本输入方的被动教育国际化。这是教育对外开放的起始阶段,是一种粗放型的教育对外开放。以引进来为主的教育对外开阶段,教育资本输入国对先进课程、师资、教学模式等进行大量引入,几乎覆盖整个基础教育体系的各个环节,使得教育资本输入国的基础教育暴露于"全盘同化"的风险中。

　　第二种以走出去为主的实施模式,强调教育资本的输出,即利用国外的教育资源培养人才,同时弘扬自身文化,是一种较为积极的教育国际化参与方式。教育资本的大量输出,使自身融入教育国际化的潮流中,发挥能动的主体性意识,处于教育对外开放的主动地位。现阶段,主要以提倡出国留学,境外办学等方式开展。我国实施九年义务教育(即小学和初中阶段),因此目前基础教育阶段的中外合作办学仅限于高中阶段。我国在基础教育阶段"以走出去为主"的教育对外实施模式中,更多地以优秀的境内办学,吸引外籍学生,浸入式传播中国文化体系的方式展开(见表1-2)。

表 1-2　国内基础教育对外开放实施方式典型案例

学校或地区	类型	策略的具体内涵
上海洋泾—菊园实验学校	以走出去为主	外籍学生完整学习中国课程(官芹芳,2020)
东北师大附中	中外合作式	开展"两向"策略("两向"策略指"南向"和"西向"策略,分别指与日本和美国为代表的发达国家建立交流项目);"三维"对外开放(指教育对外开放从教师、学生学术交流和国际课程建设三个维度展开)(赵树峰,2017)。
广东省深圳市南山外国语学校(集团)	中外合作式	价值系统、课程体系、教学模式、组织平台四个维度(崔学鸿,2017)

　　第三种强调中外合作式的教育对外开放。学者章新胜认为,中外合作办学在发展过程中日益显示出其独特的优势和作用,主要体现在:一是中外合作办学成为不出国门留学的有效途径,可以满足一部分中国学生在国内接受国外教育、学习国外先进文化科技知识的需求,同时节约受教育成本的目的;二是中外合作办学对培养现代化建设急需的短缺学科、急需人才发挥了积极作用;三是可以帮助我们成建制、成体系地学习借鉴国外有益的经验,为我所用;四是可以成为国内院校同国外优质教育资源联系的纽带和桥梁,从而促进国内院校内部的改革,最终办出人民满意的教育。充分展示了教育需求,教育成本和教育目的三者的辩证关系。[①] 这一观点基本诠释了"中外合作式"模式的取向和内涵。

　　(3) 国际课程引入推动基础教育课程领域国际化。课程是政策和实践的交汇点,课程的国际化带动了课堂教学、学生管理、学业成就评价等方面的国际化。课程的国际化既包括国际课程的引入,也包括融入国际化因素的国际理解课程的开发。2002 年,英国教育技能部发表《置世界于世界一流教育之中:为了教育、技能和儿童服务的国际战略》(*Putting the world into world-class education*:*An international strategy for education*,*skills and children's services*)白皮书,再次凸显教育中融入国际性和全球性要素的重要性,同时强调将全球公民、多样性和相互依赖等关键概念融入英国中小学课程。[②] 美国的有些中学也在引入一些国际课程,"美国公立高中在实施国际课程过程中更加追求

---

① 章新胜.认真学习贯彻实施《中外合作办学条例》[J].中国高等教育,2003(11): 6-8.
② 张秋旭,杨明全.英国基础教育国际化初探实践策略与启示[J].中国教师,2018(11): 114.

公平,学校尽可能扩大优质资源的覆盖范围,课程实施有良好的支持系统,有利于国际课程良性发展"。① 我国在基础课程国际化课程引入方面的总体思路:整体式引入后,通过融入中国元素,开发成本土化的国际理解课程。例如,在课程实施方式上"通过班会、学校主题活动、游学活动、国际友好学校的交流活动等形式进行国际理解教育";②在评价机制上,学校应参加课程教材中心的学校评估认证以此推进学校教育国际化水平的提升。③

(三) 反思与展望

教育部等 8 部门《关于加快和扩大新时代教育对外开放的意见》深化了教育对外开放与国际化的整体布局,在强调基础教育对外开放的重要性的同时,引发了学界对基础教育对外开放研究的聚焦。如何让基础教育对外开放研究成为具体实践的智力支持,成为基础教育对外开放事业的关键一环。

笔者通过对 121 篇有关基础教育对外开放和基础教育国际化方面的科研资料进行分析,归纳了十几年来我国基础教育对外开放和国际化的研究现状。分析显示:阶段内研究成果数量和质量体现出研究总体水平不高,但是基本的研究框架已经形成,在研究内容和研究方法上还存在明显不足。

从研究内容来看,第一,基础理论和实践指导理论研究偏少。国际化概念的复杂性导致其内涵的多元化理解;我国对国际化概念的研究偏重于在对外开放政策下的诠释,而缺少中国的国际化概念理论的形成,据此指导实践,致使实践因缺乏理论指导而出现盲目性。第二,多个研究内容的"缺位":一是"我国在基础教育开展国际教育援助活动"研究的缺位。一方面,作为受援国,我们需要接纳国际组织和发达国家的教育援助项目以有效缩小地区间的教育差异、促进中西部地区的教育发展。另一方面,作为援助国,我国也需要承担起一定的国际责任,为"一带一路"沿线国家和地区提供力所能及的教育援助,提升我国"软实力"。从目前的研究文献来看,我国在基础教育开展国际教育援助活动方面的研究集中在国别比较研究,缺少我国在基础教育开展国际教育援助活动的实证研究。二是"基础教育对外开放综合评价指标体系"研究内容缺位。目前,研究的

---

① 肖海祥.中美公立高中国际课程引进与实施研究[D].北京:首都师范大学,2014.
② 姜英敏.国际理解教育≠对外国、外国文化的了解[J].人民教育,2016(21):62-65.
③ 赵建华,陈国明.宁波基础教育国际化的现状及提升路径[J].宁波教育学院学报,2016,18(05):105-108.

焦点集中于教育资本的输入方式和输入内容及实施模式方面,在基础教育对外开放综合评价指标体系方面的研究鲜有涉及。

从研究方法来看,研究者多采用文献法,缺乏教育实验等实证研究。

从总体上看,我国基础教育对外开放领域的研究,理论分析类研究成果明显多于调查实证类研究成果,应然的逻辑思辨类研究成果显著多于实然的定量定性类研究成果。

本书基于区域整体建构的角度,尝试探寻一套具有理论指导意义、能有效支持基础教育对外开放的支持理论体系,这将有利于为推进区域国际化大都市基础教育对外开放发展提供坚实的知识基础;同时,通过搭建中小学校教育国际合作与交流平台,建设推进基础教育对外开放进程的常态机制,形成指导、管理、服务国际化大都市基础教育对外开放发展的工作网络,进而建立起一套行之有效的整体建构的基础教育对外开放支持系统,探索一套具有较强操作性的模式方法,为国际化大都市基础教育对外开放发展提供实践指导。

三、概念界定

(一)区域与区域教育

从地理学角度讲,区域是一个地理范畴。在行政权力的集约和效能因素决定下,区域更多地是指行政区域。从社会学和经济学角度讲,一个区域由于其受绝对优势或相对优势的制约,就有了经济、政治、军事、文化等区域的划分,更多地表现出一个区域的社会特征。这种区域的划分方式,与行政区域是有区别的,即可能存在交叉、重叠关系。因此一些区域也就突破了行政区域的束缚,更多表现出经济、文化、教育区域的优势特征。

区域教育是指占有一定地域的人口集体与自然区域所构成的区域社会中所客观存在的相对独立而又基本稳定的教育实体。区域教育有泛指和特指之区别。泛指的区域教育是个普遍概念,泛指一切具备区域教育内在特征的教育系统;特指的区域教育是指单个的区域教育系统,是区域教育的个体表现。

(二)基础教育对外开放

综合学者的分析,笔者归纳基础教育对外开放有四个层次:一是交流,主要是与国外师生的交流互访,如建立姐妹学校、学生的海外游学等活动;二是理解,是指通过活动和课程,让孩子们理解世界上有不同的文化、不同的制度、不同的宗教、不同的价值观,并明白将来世界需要在这种不同的背景下共同发展;三是融合,一方面是学生的融合,将来必然会有越来越多的学校出现外国孩子和中国孩子在同一个班级上课的情况,另一方面是课程的融合,将来浦东新区的课程内容和教学形态会有许多适应国际人才需求的变化;四是主导,随着我国经济的迅速发展,中国在世界地位的不断提升,浦东新区的课程必然会不断调整和完善,部分课程的思想和内容会被诸多国家和国际组织认同,甚至成为新的国际课程范例,从而达到主导的效果。

(三) 支持系统

支持系统是指以专业组织为依托,服务、指导、规范基础教育对外开放发展的整体体系,包括制度与机制、课程建设、师资队伍、交流与合作机制和资源等多个方面。本书涉及的基础教育对外开放发展支持系统是以上海市浦东新区为例,区域教育国际化专业组织为基础教育对外开放发展提供的服务、指导、规范的专业支持系统。

第二章 基础教育对外开放现状调查与统计分析

一、调查目的与调查内容

（一）调查目的

基础教育对外开放作为新时期教育发展的基本政策，具有积极的价值。近年来，基础教育对外开放的呼声愈加强烈，基础教育对外开放活动丰富多彩。在这一背景下，当前中小学校教育对外开放的真实状况如何？存在哪些问题？为了清晰地展示当前基础教育对外开放实施的实际状态，笔者在上海市浦东新区进行了调查研究。被调查群体有学校领导、教师、家长、学生、教育专业人员。调查目的在于了解当前基础教育对外开放的基本情况、被调查群体对当前基础教育对外开放的倾向、当前基础教育对外开放存在问题以及未来基础教育对外开放的基本需求，进而为深入分析基础教育对外开放支持系统提供依据。

（二）调查内容

调查主要有五项内容：被调查对象的基本资料，被调查对象对基础教育对外开放了解程度及态度，基础教育对外开放发展的现状，影响当前基础教育对外开放发展的主要因素，基础教育对外开放未来发展的倾向性。

二、调查对象的确定

笔者将调查对象确定为四类人群：作为学校基础教育对外开放政策方案制定主体和方案执行者的教育行政人员和校长；作为学校基础教育对外开放实施

者的教师;作为基础教育对外开放推进对象的学生和家长;作为与政策方案实施密切相关者的教育专业人员。对于校长(校级干部)、家长、学生、教育专业人员,主要采取问卷调查的方式;对于教育行政人员群体,主要采取访谈的方式。

三、编制调查问卷与访谈提纲

在访谈和预调查的基础上编制《基础教育对外开放调查问卷(校长卷)》《基础教育对外开放调查问卷(家长卷)》《基础教育对外开放调查问卷(学生卷)》《基础教育对外开放调查问卷(教育专业人员卷)》。

关于调查问卷及访谈提纲的结构与内容,这里以校长卷为例予以说明。

校长卷由两部分组成:第一部分为指导语,简要说明调查的目的和要求,强调调查为匿名调查,仅为研究所用,以保证调查结果的真实性和准确性;第二部分为问卷的主体部分,由 6 个模块组成,具体内容如下:

第一模块是被调查者的基本资料,包括 5 个问题:一是关于被调查者的身份背景,分为学校校级领导、教师、家长、学生、教育专业人士、其他;二是被调查者(或子女)所在学校类别,包括幼儿园、义务教育阶段、高(完)中、中等职业学校、基础教育研究机构;三是所在位置,分为中心城区、城乡接合部和农村;四是学历,分为大学专科及以下、大学本科、硕士及以上;五是年龄分层。

第二模块是被调查者的态度倾向,主要包括对基础教育阶段可否推进教育对外开放的态度倾向、基础教育对外开放的基本构成要素、基础教育推进教育对外开放的最主要目的、基础教育对外开放可能出现的弊端、影响基础教育对外开放的主要因素、与推进基础教育对外开放不相适应的政策、中小学校教育的对外开放应着重在哪些方面推进等。

第三模块是关于国际化的教师队伍建设:一是校长教师参加境外学习的调查,包括参加境外学习的经历、境外学习目的地、境外学习时间周期、境外学习内容及形式、境外学习的收获、参加境外学习的困难、对未来参加境外学习的态度倾向等;二是外籍教师聘请情况的调查,包括外籍教师资质、聘请意向、形式、聘请外籍教师的利弊以及中外教师的差异等。

第四模块是关于学校对外合作交流工作,包括学校开展中外学校交流的目的、需求、现状、内容、对象来源、时间安排、年龄段、困难等,以及学校对外合作交流分管干部的培训内容、形式等。

第五模块是关于中外融通的课程建设,包括学校引入国外课程和开展中外课程融合建设的缘由、情况、影响学校国际化课程建设的因素、课程结构、学习效果等。

第六模块是关于国际教育资源的倾向性调查。

其他问卷内容基本与校长卷相同,区别在于不列出与被调查对象不相关的问题,如学生卷中就没有关于校长教师境外学习的问题。

四、正式施测

本调查采用分层随机取样方法,依托问卷星(http://www.sojump.com/)网络问卷平台,通过电脑网络、手机微信等方式进行了问卷调查。最终回收有效问卷244份。

五、调查问卷结果的统计分析

第一模块:被调查者的基本资料

从被调查者基本情况来看,参加此次调查的人群,如表 2-1 所示,从事教育工作的比重较大,学校校级领导、教师和教育专业人士占 56.97%;所在单位类别如表 2-2 所示,以义务教育阶段为主,其次是基础教育研究机构和高(完)中,基本符合学校比例分布;所在区域如表 2-3 所示,以中心城区为主,城乡接合部为次,说明中心城区的被调查者更为关心基础教育对外开放的发展;学历分布如表 2-4 所示,以本科及以上为主;年龄分布如表 2-5 所示,则以 31~50 岁为主。

表 2-1　被调查者身份　　　　　　　　（单位：%）

选　　项	比　　例
学校校级领导	11.89
教师	27.05
家长	33.61
学生	4.1
教育专业人士	18.03
其他	5.33

表 2 - 2　被调查者所在单位类别　　　　　　（单位：%）

选　项	比　例
幼儿园	8.61
义务教育阶段	52.46
高(完)中	13.52
中等职业学校	3.28
基础教育研究机构	22.13

表 2 - 3　被调查者所在区域　　　　　　（单位：%）

选　项	比　例
中心城区	65.16
城乡接合部	28.69
农村	6.15

表 2 - 4　被调查者学历状况　　　　　　（单位：%）

选　项	比　例
大学专科及以下	14.12
大学本科	53.67
硕士及以上	32.2

表 2 - 5　被调查者年龄分布状况　　　　　　（单位：%）

选　项	比　例
30 岁及以下	5.08
31～40 岁	41.24
41～50 岁	45.76
50 岁以上	7.91

第二模块：被调查者对于基础教育对外开放的态度倾向

第二模块主要是针对基础教育对外开放的倾向性调查。这一模块从基础教

育能否开展国际化(见表 2 - 6)、基础教育对外开放的主要目的(见表 2 - 7)、基
础教育对外开放的构成要素(见表 2 - 8)、基础教育的国际化应着重在哪些方面
推进(见表 2 - 9)、基础教育对外开放可能带来的负面影响(见表 2 - 10)、影响基
础教育对外开放的主要因素(见表 2 - 11)、与推进基础教育对外开放不相适应
的政策问题(见表 2 - 12)进行了调查。数据表明,大多数被调查者认为基础教
育阶段国际化"完全可以,应与国外教育全方位接轨""可以,但应在国家政策许
可范围内推进"。基础教育推进教育对外开放的最主要目的是"培养国际化人
才"和"提高教育的发展水平"。基础教育对外开放的基本构成要素主要包括"培
养目标的国际化""课程的国际化""教学方法的国际化""教师队伍专业水平的国
际化"。基础教育对外开放应着重推进的方面有"校长教师队伍国际化培养""国
际化的课程建设""教育对外开放的制度设计与机制建设""教育对外开放资源的
引进"等。当前影响基础教育对外开放的主要因素有"师资素质,教师的业务素
养难以办出国际化的教育""政策环境,现有的国家和地方政策限制了基础教育
的国际化""视野狭窄,对自己基础教育与世界先进教育的差距认识不足"等。当
前与推进基础教育对外开放不相适应的政策问题主要有"现有的教育评价方法
和升学考试制度不适应""对基础教育对外开放缺少统筹规划和系统推动""学校
在推进基础教育对外开放方面自主权小""教育经费满足不了基础教育对外开放
的需求"等。

表 2 - 6　你认为在基础教育阶段可以推进教育对外开放吗?　　(单位: %)

选　　项	比例
完全可以,应与国外教育全方位接轨	39.34
可以,但应在在国家政策许可范围内推进	49.59
不完全可以,教育对外开放应严格限定在一定范围内进行	9.02
不可以	2.05

表 2 - 7　基础教育推进教育对外开放的最主要目的　　(单位: %)

选　　项	比例
有利于培养国际化人才	38.93
有利于提高教育的发展水平	47.54

（续表）

选　　项	比例
有利于提升教育的国际地位和影响力	8.2
有利于推广中国文化	4.1
其他	1.23

表 2-8　你认为基础教育对外开放的基本构成要素包括哪些？　（单位：%）

选　　项	比例
培养目标的国际化	45.49
课程的国际化	44.26
教学方法的国际化	45.08
教师队伍专业水平的国际化	41.39
学生的国际交流	27.05
与国外机构合作办学	7.79
教育评价的国际化	27.05
学校办学机制的国际化	13.93
教育资源的国际共享	28.69
加强外语教学	4.92
开设外籍子女学校	0.41
其他	0.82

表 2-9　基础教育的国际化应着重在哪些方面推进？　（单位：%）

选　　项	比例
校长教师队伍国际化培养	42.62
国际化的课程建设	48.77
教育对外开放的制度设计与机制建设	49.59
教育对外开放资源的引进	28.69
开展国际校际师生交流与合作	21.31
为在中国工作居住的外国人及其子女提供涉外教育服务	2.87
开展中外合作办学	8.2

（续表）

选　　项	比例
学校办学方式的国际化	18.03
学校管理方式的国际化	25.82
传播中国文化	9.84

表 2‑10　基础教育对外开放可能带来的负面影响　（单位：%）

选　　项	比例
会影响中国文化的传承	16.39
中国基础教育不落后	12.3
会加重学生学业和经济负担	33.2
目前的教育条件不具备	63.52
其他	7.38

表 2‑11　当前影响基础教育对外开放的主要因素　（单位：%）

选　　项	比例
文化观念：基础教育对外开放会影响中华民族文化的传承	25.41
教育自信：我国基础教育不落后，可以自我发展	15.57
视野狭窄：对自己基础教育与世界先进教育的差距认识不足	50.41
师资素质：教师的业务素养难以办出国际化的教育	62.3
硬件设施：教育教学设施条件不足以实施国际化的教育	29.51
政策环境：现有的国家和地方政策限制了基础教育的对外开放	50.82

表 2‑12　当前与推进基础教育对外开放不相适应的政策问题　（单位：%）

选　　项	比例
学校在推进基础教育对外开放方面自主权小	46.72
中外合作办学审批难	13.93

（续表）

选　　项	比例
校长教师海外培训指标太少	16.8
教师学生出国交流审批困难	13.93
教育经费满足不了基础教育对外开放的需求	35.66
现有的教育评价方法和升学考试制度不适应	61.07
对基础教育对外开放缺少统筹规划和系统推动	50.41
其他	1.23

第三模块：关于国际化的教师队伍建设

这一部分的调查主要包括三个方面：

一是对校长、教师参加境外学习的调查，包括参加境外学习的经历（见表2-13、表2-14）、参加的境外学习目的地（见表2-15）、境外学习时间周期（见表2-16）、参加境外学习的收获（见表2-17）、参加境外学习的困难（见表2-18）、对未来参加境外学习的态度倾向（见表2-19）、境外学习目的地（见表2-20）、境外学习时间周期（见表2-21）、境外学习内容（见表2-22）、境外学习形式（见表2-23）、境外学习的价值（见表2-24）、不想参加境外学习的原因（见表2-25）、所在学校是否会支持参加境外学习（见表2-26）；二是外籍教师聘请情况的调查，包括所在学校是否聘请过外籍教师（见表2-27）、所在学校是否取得了外籍教师聘任资质（见表2-28）、聘请外籍教师的最大收获（见表2-29）、聘请外籍教师的意向（见表2-30）、聘请外籍教师的形式（见表2-31）、聘请外籍教师所需帮助（见表2-32）、没有聘请外籍教师的原因（见表2-33）；三是中外教师的差异（见表2-34、表2-35）。

表2-13　近3年，你是否有境外学习的经历？　　　　（单位：%）

选　　项	比　　例
有	20.95
没有	79.05

表 2‑14　近三年,你所在学校有教师参加过境外学习吗?　（单位：%）

选　项	比　例
有	56.84
没有	43.16

表 2‑15　你或者你所在学校老师参加的境外学习目的地　（单位：%）

选　项	比　例
北美或西欧	75.79
中东欧、俄罗斯等	4.21
日韩	15.79
东南亚	7.37
港澳台	14.74
其他	8.42

表 2‑16　你或者你所在学校老师参加的境外学习时间周期　（单位：%）

选　项	比　例
两周内	22.11
一个月	44.21
一个学期	22.11
一个学年	11.58

表 2‑17　你觉得参加境外学习最大的收获　（单位：%）

选　项	比　例
更新了理念	60
掌握了先进的管理和教学技能	21.05
拓宽了视野	62.11
提高了外语口语水平	11.58
结交了境外朋友	0
传播了中国文化	7.37

（续表）

选　项	比　例
回来后能应用于实践	12.63
其他	2.11

表 2-18　你觉得参加境外学习时遇到的困难 （单位：%）

选　项	比　例
因语言问题沟通不畅	57.89
对方学校不能提供我想要的信息	7.37
不能深入对方学校的课堂教学	42.11
生活习惯不一样	12.63
交通不便利	3.16
在将国外经验应用到实践的过程中无人指导,应用效果不佳	30.53
其他	3.16

表 2-19　未来几年内,你期待参加境外学习吗? （单位：%）

选　项	比　例
很期待	86.32
服从安排	10.53
不想参加	3.16

表 2-20　你认为最好的境外学习目的地 （单位：%）

选　项	比　例
北美或西欧	88.42
中东欧、俄罗斯等	8.42
日韩	10.53
东南亚	2.11
港澳台	13.68
其他	2.11

表 2 - 21　你认为最好的境外学习时间周期　（单位：%）

选　项	比　例
两周内	5.26
一个月	29.47
一个学期	35.79
一个学年	29.47

表 2 - 22　你认为最好的境外学习内容　（单位：%）

选　项	比　例
学校管理理论	12.63
学校管理实践	32.63
学生发展理论	6.32
学生发展实践	30.53
课程教学理论	22.11
课程教学实践	43.16
教师专业发展理论	9.47
教师专业发展实践	26.32
其他	1.05

表 2 - 23　你认为最好的境外学习形式　（单位：%）

选　项	比　例
听报告	3.16
境外名校考察	20
与境外同行对话	25.26
境外课堂观察	58.95
境外课程体验	54.74
做影子校长（教师）	28.42
其他	0

表 2 - 24　你觉得参加境外学习的真正价值应该是什么?　　　（单位：%）

选　项	比　例
更新教育理念	61.05
掌握先进的管理方法	51.58
掌握先进的课堂教学技能	48.42
拓宽文化视野	42.11
提高口语水平	5.26
结交境外朋友	4.21
传播中国文化	13.68
应用于本土实践	29.47
其他	0

表 2 - 25　有些同事不想参加境外学习,你认为可能原因是什么?　　（单位：%）

选　项	比　例
外语口语水平限制	62.11
工作压力大	17.89
没有时间	13.68
家庭负担重,走不开	28.42
境外学习机会少,暂时轮不上	36.84
参加过类似学习,不想再去	2.11
短时间外出,学不到什么实质的东西	16.84
中国内地教育不比境外差,不需要境外学习	2.11
其他	1.05

表 2 - 26　未来 5 年,你所在学校会支持本校教师参加境外学习吗?（单位：%）

选　项	比　例
很支持	53.68
服从安排	34.74
不支持	11.58

表 2-27 你所在学校近 3 年聘请过外籍教师吗？ （单位：%）

选　项	比　例
有	57.89
没有	42.11

表 2-28 你所在学校已经取得了外籍教师聘任资质吗？ （单位：%）

选　项	比　例
已经取得	46.32
正在申请中	12.63
暂不申请	41.05

表 2-29 你认为自己所在学校聘请外籍教师，取得的最大收获是什么？ （单位：%）

选　项	比　例
促进本校外语课程教学建设	38.95
提升本校外语老师口语素养	16.84
提升学生外语学习兴趣与效果	57.89
活跃校园文化	32.63
打造学校品牌	11.58
其他	5.26

表 2-30 "十三五"期间，你所在学校会聘请外籍教师吗？ （单位：%）

选　项	比　例
会	68.42
不会	31.58

表 2-31 你所在学校准备以何种形式聘请外籍教师？ （单位：%）

选　项	比　例
独立聘请	34.74
通过中介机构聘请	65.26

表 2-32　你觉得中小学聘请外籍教师,学校最希望得到的帮助是什么?　(单位:%)

选　项	比　例
获得如何取得外教聘任资质的指导	23.16
获得如何管理与培训外教的指导	38.95
获得如何选择外教课程的指导	40
获得如何开展中外教学研讨的指导	34.74
获得外教课时补贴	12.63
其他	4.21

表 2-33　你认为学校没有聘请外籍教师的原因是什么?　　(单位:%)

选　项	比　例
费用高,学校承担不起	42.11
外教聘任资质申请难,学校难以通过	24.21
外教聘请与管理工作复杂,学校暂不想涉足	29.47
外籍教师教学效果不如预想,不愿再聘请	18.95
聘请外籍教师更多是面子工程,学校暂不想分心	14.74
其他	9.47

表 2-34　与外籍优秀教师相比,你认为我们的教师差距在哪里?　(单位:%)

选　项	比　例
对教师职业的认同感低	46.72
对待工作的细致程度低	23.77
专业知识缺乏	14.75
专业发展机会缺乏	24.18
社会地位不高	18.03
收入不高	16.39
教学任务重,压力大	38.52

表 2-35　与我们的教师相比,你认为外籍教师差距在哪里?　　(单位:%)

选　项	比　例
对教师职业的认同感低	21.72
对待工作的细致程度低	38.52
专业知识缺乏	17.21
专业发展机会缺乏	13.93
社会地位不高	6.56
收入不高	7.79
教学任务重,压力大	13.52
其他	22.95

从数据可知,在校长、教师参加境外学习方面,目前校长、教师境外学习的比例偏低,近 3 年内境外学习的比例仅为 20.95%,不过,作为学校层面,派出校长、教师外出学习的比例达到 56.84%。最受欢迎的境外学习周期最好是两周以上。境外学习目的地是北美或西欧(75.79%),已参加的境外学习时间是一个月左右(44.21%)。最为欢迎的参加境外学习最大的收获是更新了理念(60%)和拓宽了视野(62.11%),参加境外学习时遇到的困难是因语言问题沟通不畅(57.89%),不能深入对方学校的课堂教学(42.11%),在将国外经验应用到实践的过程中无人指导,应用效果不佳(30.53%)。86.32%被调查者期待"十三五"期间参加境外学习,期待的境外学习目的地最好是北美或西欧(88.42%),境外学习内容最好是课程教学实践(43.16%)、学校管理实践(32.63%)和学生发展实践(30.53%)。境外学习形式最好是境外课堂观察(58.95%)和境外课程体验(54.74%)。参加境外学习的真正价值应该是更新教育理念(更新教育理念)、掌握先进的管理方法(51.58%)、掌握先进的课堂教学技能(48.42%)以及拓宽文化视野(42.11%)。而影响被调查者参加境外学习的因素有外语口语水平限制(62.11%),境外学习机会少,暂时轮不上(36.84%)。

对校长来讲,"十三五"期间,53.68%的校长很支持本校教师参加境外学习,34.74%的校长表示"服从安排"。

在外籍教师聘任方面,一半以上(57.89%)的学校近 3 年聘请过外籍教师,46.32%的学校已经取得了外籍教师聘任资质,但还有 41.05%的学校表示暂不申请。但在"十三五"期间,68.42%的学校表示要聘请外籍教师,其中,65.26%的学校表示希望通过中介机构聘请外籍教师。

学校没有聘请外籍教师的原因主要是"费用高,学校承担不起(42.11%)","外教聘请与管理工作复杂,学校暂不想涉足(29.47%)"。学校聘请外籍教师,取得的最大收获是提升学生外语学习兴趣与效果(57.89%)和促进本校外语课程教学建设(38.95%),中小学聘请外籍教师,学校最希望得到的帮助是"获得如何选择外教课程的指导(40%)""获得如何管理与培训外教的指导(38.95%)"以及"获得如何开展中外教学研讨的指导(34.74%)"。

在中外教师差异方面,被调查者的态度比较分散,如对于"与外籍优秀教师相比,你认为我们的教师差距在哪里"这一问题,除了"对教师职业的认同感低(46.72%)"、"教学任务重,压力大(38.52%)"这两个答案相对集中外,其他都比较分散。而对于"与我们的教师相比,外籍教师差距在哪里"这一问题,除了"对待工作的细致程度低(38.52%)"这一选项外,其他选项也都比较平均。从访谈的情况看,这与被调查者对外籍教师的了解程度不深有关。

需要说明的是,2020 年 7 月,为健全外籍教师管理法律制度,加强外籍教师管理,教育部会同科技部、公安部、外交部在深入研究和广泛征求意见基础上,制定了《外籍教师聘任和管理办法(征求意见稿)》[①],对外籍教师的聘任与管理工作做出了新的政策要求。

第四模块:关于学校对外合作交流工作

从调查来看,被调查者认为中外学校交流最重要的是双方平等互访(60.25%)(见表 2-36),开展中外学校交流的最重要的目的是促进学校国际化发展(53.28%)和提高师生跨文化素养(47.95%)(见表 2-37)。学校开展中外交流最需要的是有明确的政策和完善的制度(54.92%)(见表 2-38)。近 5 年内,61.07%的被调查者没有开展中外交流的经历(见表 2-39)。学校目前每年开展中外交流的频率多为每学期一次(38.95%)或每年一次(26.32%)(见表 2-40)。超过 60%的中外交流活动发起者是学校自己联系的或是参与政府主持的中外交流项目(见表 2-41)。已经开展交流的国家(地区)主要来自北美或西欧

---

① 教育部.关于《外籍教师聘任和管理办法(征求意见稿)》公开征求意见的公告[EB/OL].[2020-12-21]http://www.moe.gov.cn/jyb_xwfb/s248/202007/t20200721_474014.html.

(77.89%)(见表2-42)。开展中外学校交流最合适的时间是寒暑假(42.62%)，希望放在法定节假日的仅有0.82%，如表2-43所示。超过60%的被调查者认为教师、学生参加中外交流的合适时长一个月以内或者一个学期以内(见表2-44、表2-45)。最为合适开展中外学校交流的年龄段分别是初中(39.34%)和高中(29.51%)(见表2-46)。认为开展中外学生交流的内容最合适的分别是教学类(61.89%)、研究类(49.18%)、艺术类(43.44%)(见表2-47)。中外教师交流的内容最合适的分别是国外课堂教学(71.72%)、学生培养方式(73.36%)(见表2-48)。开展中外学校交流的主要困难是相关管理制度和机制尚不完备(64.34%)(见表2-49)。

表 2-36　关于中外学校交流，你认为最重要的是什么？　　(单位：%)

选　　项	比　　例
境外师生请进来	6.15
中国师生走出去	13.11
双方平等互访	60.25
都可以	20.49

表 2-37　你认为开展中外学校交流的最重要的目的是什么？　　(单位：%)

选　　项	比　　例
提高外语口语水平	18.03
深入了解异国文化	23.36
提高师生交往能力	22.95
促进学校国际化发展	53.28
提高师生跨文化素养	47.95
传播中国文化	7.79

表 2-38　你认为目前学校开展中外交流最需要的是什么？　　(单位：%)

选　　项	比　　例
有明确的政策和完善的制度	54.92
家长的支持	1.64
充足的经费	15.57
好的合作交流项目	27.87

表 2-39　近 5 年内,你(或者学生)是否有过开展中外交流的经历?（单位：%）

选　项	比　例
是	38.93
否	61.07

表 2-40　据你所知,学校目前每年开展中外交流的频率是多少?　（单位：%）

选　项	比　例
无	20
每周都有	7.37
每月一次	7.37
每学期一次	38.95
每年一次	26.32

表 2-41　学校目前已经开展或计划开展的中外交流活动发起者是谁?（单位：%）

选　项	比　例
学校自己联系的	34.04
通过社会机构联系的	23.4
参与政府主持的中外交流项目	31.91
与境外学校共同开发的	10.64

表 2-42　学校已经开展交流的国家(地区)主要来自哪里?　（单位：%）

选　项	比　例
北美或西欧	77.89
中东欧、俄罗斯等	4.21
日韩	17.89
东南亚	8.42
港澳台	10.53
其他	9.47

表 2 - 43　你认为开展中外学校交流最合适的时间　（单位：%）

选　项	比　例
寒暑假	42.62
法定节假日	0.82
学期中某一时段	31.97
均可	24.59

表 2 - 44　你认为教师参加中外交流的合适时长　（单位：%）

选　项	比　例
两周以内	11.58
一个月以内	35.79
一个学期	30.53
一个学年	22.11

表 2 - 45　你认为学生参加中外交流的合适时长　（单位：%）

选　项	比　例
两周以内	18.44
一个月以内	38.52
一个学期	29.51
一个学年	13.52

表 2 - 46　你认为开展中外学校交流时哪个年龄段的学生比较合适？（单位：%）

选　项	比　例
幼儿园学生	0.82
小学生	13.11
初中生	39.34
高中生	29.51
均可	17.21

表 2－47　你认为开展中外学生交流的内容应包括哪些？　（单位：%）

选　项	比　例
艺术类	43.44
体育类	19.26
教学类	61.89
研究类	49.18
其他（请填写）	2.87

表 2－48　你认为开展中外教师交流的内容应包括哪些？　（单位：%）

选　项	比　例
国外课堂教学	71.72
学生培养方式	73.36
参加国际学术会议	12.3
开展研究	20.9
其他	0.82

表 2－49　你认为开展中外学校交流的主要困难有哪些？　（单位：%）

选　项	比　例
相关管理制度和机制尚不完备	64.34
经费支持力度不够	39.75
不能完全做到中外双向平等互动交流	26.23
家长支持度不足	8.61
学生生活自理能力	7.38
安全问题	14.75
时间冲突	4.51
语言障碍	15.16

在学校的对外合作交流管理方面,60%以上的学校没有专设的对外合作交流分管干部,也没有参加过相关培训(见表2-50、表2-51)。对外合作交流分管干部培训最重要的内容是对外合作交流的相关政策与制度(56.84%)、与学校发展相关的项目实例分享(51.58%)(见表2-52)。对外合作交流分管干部培训最适宜的形式应该是涉外课堂观察(41.05%)、涉外课程体验(43.16%)(见表2-53)。

表 2-50　你所在校有专设的对外合作交流分管干部吗?　　（单位：%）

选　　项	比　　例
有	40
没有	60

表 2-51　近3年,你校对外合作交流分管干部参加过培训吗?　　（单位：%）

选　　项	比　　例
参加过	40
没有参加过	60

表 2-52　你觉得对外合作交流分管干部培训最重要的内容有哪些?（单位：%）

选　　项	比　　例
对外合作交流的相关政策与制度	56.84
国际形势与对外交流现状	22.11
外事礼仪	7.37
与学校发展相关的项目实例分享	51.58
实践考察	26.32
英语口语	10.53
其他	0

表 2-53　你觉得对外合作交流分管干部培训最适宜的形式有哪些?（单位：%）

选　　项	比　　例
专题讲座	18.95
名校考察	24.21
沙龙式对话	22.11
涉外课堂观察	41.05
涉外课程体验	43.16
影子式培训	29.47
其他	0

第五模块：关于国际化课程

这一部分主要从中外课程融合建设的情况方面开展调查。调查显示,在影响学校国际化课程建设方面,74.59%的被调查学校是因为教育评价与升学考试制度不适应(见表 2-54),25.26%的被调查学校开发了 1 门(见表 2-55)。在学校开发中外融合课程的目的上,则比较分散,相对比较高的是教学方式的融合(23.68%)(见表 2-56)。

表 2-54　当前影响学校国际化课程建设的因素主要有哪些?　（单位：%）

选　　项	比　　例
学校缺乏课程自主权	53.69
校长的课程理念不适应	22.95
教育评价与升学考试制度不适应	74.59
寻求国际课程合作存在困难	29.92
国际课程项目审批困难	20.9
其他	2.46

表 2-55　本学校开发中外融合的课程的门数　　（单位：%）

选　　项	比　　例
1 门	25.26

（续表）

选　　项	比　　例
2门	3.16
3门	0
4门	2.11
4门以上	9.47
无	60

表 2-56　本学校开发中外融合的课程体现在哪些方面？　（单位：%）

选　　项	比　　例
课程标准的融合	21.05
课程内容的融合	15.79
教学方式的融合	23.68
学习方式的融合	18.42
课程管理的融合	5.26
课程资源的融合	10.53
不清楚	5.26

第六模块：关于国际教育资源的倾向性调查

这一模块因为问题比较集中，所以只设计了一个问题。从表 2-57 的调查数据来看，课程教学资源（57.79%）和学生培养方面的资源（56.97%）是被调查者最希望得到的国际教育资源。

表 2-57　你最想得到的国际教育资源是什么？　（单位：%）

选　　项	比　　例
课程教学资源	57.79
学校管理方面的资源	21.72
学生培养方面的资源	56.97
教育前沿理论资源	22.13
其他	2.05

六、调查结论与问题描述

分析调查数据，笔者认为：

第一，基础教育对外开放作为一个实践命题，已经被广泛认可和接受。基础教育推进教育对外开放的最主要目的是培养国际化人才和提高教育的发展水平。

第二，基础教育对外开放应着重在以下四个方面加以推进，即校长教师队伍国际化培养、国际化的课程建设、教育对外开放的制度设计与机制建设、教育对外开放资源的引进；同时，需要在教育评价方法和升学考试制度、统筹规划和系统推动、扩大国际化方面自主权、增加教育经费等方面努力。

第三，在校长教师参加境外学习方面，应扩大目前校长、教师赴境外学习的比例，给予更多校长、教师赴境外学习的机会。学习的目的地还应以欧美发达地区为宜，要重点解决将境外经验应用到实践的过程中无人指导，应用效果不佳的问题。在外籍教师聘任方面，学校还有一定畏难情绪，应对学校在选择外教课程、管理与培训外教、开展中外教学研讨方面加强指导。

第四，在中外交流方面，要注重中外双方平等互访，促进学校国际化发展，提高师生跨文化素养；要注重学校中外合作交流政策和制度建设，增加学校开展中外交流的频次；要加强对外合作交流分管干部队伍建设。

第五，在国际化课程方面，要进一步加深对开发中外融合课程的认识，真正能将国外课程的优秀元素为我所用，促进自身课程的改进。

基于以上认识，在下一步的研究中，笔者以浦东新区的实践为例，从基础教育对外开放应着重推进的领域以及当前学校开展中外合作交流过程中的问题和现实需求出发，着重对基础教育对外开放的制度与机制建设、国际化课程建设、国际化师资队伍建设、国际化的资源建设、对外合作与交流、涉外教育服务6个方面进行深入研究。

一是建立基础教育对外开放发展制度与机制的支持系统，主要包括注重长效机制建设，完善基础教育对外开放发展的制度与规则体系，如"海外游学规则""外籍教师准入与登记规则"等，形成跨处室、跨部门共同支持基础教育对外开放发展的研究机制和联动机制。

二是建立基础教育对外开放课程建设支持系统，主要包括多渠道开发本土学校的国际化课程资源,重视语言课程教学,注重学生语言运用能力培养;试点实施国际理解教育课程,注重本土学生的国际视野、国际胸怀和国际交往能力的培养;积极探索国际化课程资源的合作与开发,注重规范和管理。

三是建立基础教育对外开放师资队伍建设支持系统,主要包括开展校长、教师境外研修基地考察及建设,外事干部培训、双语教师与高端英语教师培训、外籍教师队伍建设,为基础教育对外开放师资队伍建设提供支持,开阔校长和教师的眼界,培养一批具有国际视野、适应教育对外开放需要的校长和教师队伍。

四是建立基础教育对外开放交流与合作机制建设支持系统,主要包括以学生海外游学、友好学校建设、中外合作办学等形式,增加和扩大中小学校教育国际交流的频次和范围,多渠道开发和深化中小学校教育国际合作,建立基础教育对外开放发展的双向平等互动机制,为中小学校教育的国际教育合作提供支持。

五是建立涉外教育服务的支持系统。

六是建立基础教育对外开放资源建设支持系统,主要包括利用现代教育技术创设多元化的语言交际环境,提供多样化的学习资源,让师生分享国际间教育教学与学习成果。

第三章　基础教育对外开放制度与机制建设

一、基础教育对外开放制度与机制建设的内涵

制度一般是指要求大家共同遵守的办事规程或行动准则,也指在一定历史条件下形成的政治、经济、文化等方面的体系。① 不同的行业、不同的部门、不同的岗位都有其具体的做事准则,目的都是使各项工作按计划、按要求达到预定目标。

机制原指机器的构造和工作原理,现已广泛应用于自然和社会现象,指其内部组织和运行变化的规律。在任何一个系统中,机制都起着基础性的、根本的作用。在理想状态下,有了良好的机制,甚至可以使一个社会系统接近于一个自适应系统——在外部条件发生不确定变化时,能自动地迅速做出反应,调整原定的策略和措施,实现优化目标。

基础教育对外开放的发展,要求以健全制度与机制作为保障和引导。国家教育行政部门在基础教育对外开放中应统筹全局,制定有关基础教育对外开放的相关政策和指导规划,在全局上使基础教育对外开放有计划、有步骤地推进;区域教育行政机构应因地制宜,结合本区实际以及学校特点,提出适合地区基础教育对外开放发展的方案。各学校应结合国家与地方政府的国际教育规划政策,根据自身优势及学生特点,制定详细而有序的基础教育对外开放实施方案和保障体制,推行基础教育对外开放的学校应加强对大量输入的国际资源的规范管理。

---

① 中国社会科学院语言研究所词典编辑室编.现代汉语词典[M].商务印书馆,1986:1492.

（一）国外基础教育对外开放的制度定位

从 20 世纪 80 年代开始,基础教育对外开放逐渐成为许多国家和地区基础教育改革的重点。① 从国外关于教育对外开放的理论研究和国际组织已提出的改革文献中可知:在人类日益相互依存的全球化环境下,知识成为 21 世纪经济的通用"货币",国际劳动力市场需要的技能成为有更大竞争力的人力资本。教育对外开放成为必然的政策选择,其政策基本定位是:通过跨国界的教育和跨文化的学习,在全球范围内分享优质教育资源,分享教育的成功经验和教训,在国际合作中提高国家竞争力,并在彼此的竞争中走向更成熟的国际合作,从而建立更包容的社会与更和谐的世界。② 下文以美、英、日等国为例加以阐述。

2000 年,美国教育部发布《美国迈向国际教育的政策》,主张从幼儿阶段到中学阶段的教育要强化儿童的外语学习,鼓励学生学会与国际合作。2001 年,美国参议院一致通过推进国际教育政策的决议。2002 年,美国教育部长佩吉提出鼓励教师从幼儿园开始就将国际知识介绍给学生。同年,美国教育理事会发布《超越 9·11:国际教育的综合国家政策》,强调"增加留学生数量"。2004 年,美国西维吉尼亚国际教育委员会发表国际教育白皮书《全球化时代公民素养之准备》,指出中小学开展国际教育的方向,旨在强化经济意识,统整国际社会与民族文化,维护国家安全。③

第二次世界大战后,联合国教科文组织开始鼓励各成员国在中小学实施国际理解教育,通过了《关于促进国际理解、合作与和平的教育以及关于人权与基本自由的教育建议》,希望所有学段和所有形式的教育均具有国际内容和全球视野。④ 欧盟所推动的与中小学相关的国际教育活动有:康米纽斯计划、青年行动计划及网络姐妹校。作为欧盟成员国之一的英国在 21 世纪初公布了一系列促进国际教育的政策与文件。2004 年,英国教育技能部发表《让世界进入世界一

---

① 陈如平,苏红.论我国基础教育的国际化[J].当代教育科学,2010,(14):3.
② 周南照.关于教育国际化的政策思考[J].世界教育信息,2014,10:3-8.
③ 蓝先茜.教育部长 Riley 宣布将拟订美国国际教育政策[EB/OL].[2020-12-21]http://www.tw.org/newwaves/51/7-12.html[Lan, S. C. (2000). Education secretary Riley announced plan for American international education. http://www.tw.org/newwaves/51/7-12.html].
④ UNESCO (1974). Recommendation concerning education forinternational understanding, cooperation and peace and education relationto human rights and fundamental freedoms [EB/OL]. [2020-12-21] http://www.unesco.org/education/nfsunesco/pdf/Peace_e.pdf.

流的教育》,明确了英国国内学校教育中的三项主要目标与优先实施事项:①赋予儿童、年轻人和成人在全球社会背景下生活和在全球经济环境下工作的能力。②联合国际伙伴,实现彼此的目标。③教育与训练部门以及大学研究要对海外贸易和国内投资做出最大贡献,学校课程应涵盖面向全球的政策。[①]现今,英国中小学国际教育交流方案主要有两大类:欧盟国家之间的教育交流方案;与非欧盟国家之间的教育交流方案。后者当中比较著名的有:①教师国际专业发展计划。以短期访问的形式,让教师感受国际教育。②国际校长安置计划。使校长得以检视海外学校实务。③英美教师交流计划。教师可以选择在某段时间待在国外。④学校伙伴关系支持计划。旨在建立以课程为基础的伙伴关系。⑤欧盟网络姐妹校。2005 年,欧盟创办网络姐妹校,鼓励欧洲地区的中小学通过网络建立合作伙伴关系。这成为欧洲地区中小学交流合作的主要工具之一。⑥英国 globalgateway 网站。旨在帮助学校找到国际合作伙伴,并且提供国际教育议题信息。

　　鉴于在全球范围内国际教育给英国各方面都带来了巨大效益,但同时由于英国"脱欧"带来的国际教育政策的不确定性,以及全球国际教育市场的复杂竞争环境,2019 年 3 月 16 日,英国教育大臣达米安·海因兹(Damian Hinds)和国际贸易大臣亚姆·福克斯(Liam Fox)共同宣布新的国际教育战略,即《国际教育战略:全球潜力、全球增长》,阐述了英国政府的雄心壮志,即到 2030 年,将英国教育出口总额扩大到每年 350 亿英镑,同时将国际学生人数增加 30%,从 2018 年的近 46 万名国际学生,提高到每年 60 万名。[②]

　　20 世纪 90 年代,日本教育对外开放的相关政策更加明确。1997 年,文部省提出与国际化相关的改革内容:①促进中小学国际交流。②改进英语等外语教学。③改进教师的国际经验交流。④加强外国侨民的日本语教育。在课程方面,日本教育主管部门开始重视国际理解教育,从 1998 年开始在中小学课程中增加"国际理解教育"要素,要求三年级以上的学生每周必须有 3 小时的综合学习时间,用以体验不同文化,培养包容和尊重的态度,主要是理解发展中国家,参

①　DFES (2004). Putting the world into world-class education: An international strategy for education, skills and children's services [EB/OL]. [2020-12-21] http://publications teachernet. gov. uk/eOrderingDownload/1077-2004GIF-EN-01.

②　李铁凡,丁欣昀,李军.英国《国际教育战略:全球潜力、全球增长》述评[J].世界教育信息,2019,14:39.

与异国文化教育、和平教育、环境教育、回国子女教育等。2001 年,日本政府开始大力推进学生交流,推出"海外学生十万人计划",提供额外的资助和师资,补助私立学校对海归学生的教育,委派中小学教师到海外侨办学校任教。① 2002 年,日本发布中小学校《新学习指导纲领》,明确规定中等学校及高等学校必须将外语列为必修科,并强调学生的听说能力,小学则要利用"总合学习时间"学习英语会话。②

丹麦是致力于推进教育对外开放的又一个典型的国家。2005 年,丹麦政府为确保其教育体制在跨国合作和国际竞争中保持实力,积极推进教育对外开放,制定了相应的战略目标和行动纲领。战略目标主要包括:第一,送出去。政府投入资金支持各级各类学生、研究人员以及工人出国学习、研究和工作,并提供一定的优惠政策,帮助其在国际环境中取得成功。第二,引进来。吸引海外学生、研究人员、教师和工人来丹麦学习、研究和工作。第三,为所有的学生及各级各类教育机构提供更多的机会参与国际教育市场的合作与竞争。③ 为确保目标的实现,丹麦制定了教育对外开放行动纲领,鼓励地方教育当局、教育机构在教育目标制定和计划制订中考虑国际化的因素,并对整个课程体系进行调整和改革,增加体现国际化的内容。丹麦政府还提出了提高所有学生的英语能力,将英语逐步推广为普通教学语言,以吸引更多的、高质量的海外学生和研究人员。④ 丹麦政府还划拨专项资金支持本国学生留学或出国工作,并与国外学校增强学位和证书的互认。为鼓励更多的本国学生走出去、吸引更多的国际学生走进来,丹麦政府以立法的形式,规定教育机构在人才培养计划中必须平衡本国学生和海外学生比例。⑤

美、英、日、丹在推进基础教育对外开放进程中呈现以下共同特征:①通过

① 中国民主促进会上海市委员会.2010 年调研课题:上海市基础教育国际化的理论与实践研究报告［EB/OL］.［2020 - 12 - 21］http://www. shmj. org. cn/node809/node827/node829/userobject1ai1731872. html.

② 王家通.日本教育制度:现况趋势与特征［M］.高雄:高雄复文出版社,2003.

③ 李丽洁.我国基础教育国际化发展路径设计——对丹麦教育国际化的实践反思［J］.教学月刊(中学版下),2011,10:8 - 10.

④ UNDERVISNINGS MINISTERIET. How to Include a language in all Subjects ［EB/OL］.［2011 - 09 - 23］http://eng. uvm. dk/service/Publications/How%20to%20In-clude. aspx.

⑤ UNDERVISNINGS MINISTERIET. Teachertraining-B. Ed. programme for primary and lower secondaryschool teachers ［EB/OL］.［2011 - 9 - 23］http://eng. uvm. dk/Fact%20Sheets/Higher%20education/Teacher%20training. aspx.

国家立法或政策文件，创造有利于国际化教育推进的政策空间。②强化外语教育和教学。③强调教师、学生和学校的国际交流与合作。④注重将国际化要素渗透到课程之中。⑤重视对基础教育对外开放的资金投入。

从发达国家和诸多发展中国家的教育对外开放政策来看，国际教育已超越狭义的教育政策，成为提高经济竞争力、扩大文化影响力、保障国家安全、维系世界"领导力"的国家发展战略。

(二) 我国基础教育对外开放的制度定位

从国家或组织的角度讲，教育对外开放制度是通过制定有关政策和开展各种项目，参与国际活动，加强国际交流，从而在国际上占得相应地位，获得相应利益的过程。教育对外开放是教育顺应全球化的必然选择。我国教育对外开放在高等教育领域日臻成熟，但囿于"基础教育作为国民教育有其培养公民国家认同等特殊任务"的考虑，使得我们对基础教育对外开放的基本定位应予以深层次的思考。

一是中小学校是否需要发展教育对外开放的问题。基础教育是以新生一代为对象，直接关系着一代新人的发展水平和全体国民的素质水平，是各级各类人才发展需要接受的基本教育。基础教育的根本任务是培养合格公民，教育从来就是国家的、民族的事业，任何国家特别是基础教育必须传播本民族的优秀文化传统，弘扬民族精神，培养为本民族、本国家、本地区建设服务的人才。出于基础教育特殊性的考虑，有人顾虑，随着基础教育对外开放的推进，可能会影响学生正确的世界观、价值观、人生观的形成，甚至造成中国传统文化的中断；有人明确反对基础教育对外开放，认为教育对外开放的实质无非是西方发达国家实现其殖民统治的一个重要领域而已，教育在增进国家之间相互交流的同时，也是现时西方发达国家殖民统治的一项重要内容和文化殖民的一种重要途径。① 一些教育界人士，包括一些中小学校的校长认为，当前中小学教育的工作应是在作好整体规划布局的前提下，重点推进教育公平、均衡和优质发展，现在提出基础教育对外开放发展，显得早了点。即使提出中小学校国际化发展，也只是中心城区学校或者一些重点学校的事，没有必要在所有的中小学校推进。

---

① 容中逵,刘要悟.民族化、本土化还是国际化、全球化——论当前我国基础教育课程改革的参照系问题
[J].比较教育研究.2005,07：19-20.

　　以上担忧有一定道理,但是我们必须清醒地认识到,基础教育对外开放是教育全球化的必然要求,是国家对外开放的重要组成部分。当前,从全球范围来看,教育服务的全球化贸易和教育资源的全球化争夺,已成为不可阻挡的趋势,人才的竞争已由高等教育下移至基础教育,围绕开展基础教育的资源、人才、资本的国际流动日益凸显,进一步推动了基础教育的对外开放。我国加入WTO,为参与教育服务的国际竞争搭建了平台,同时也向其他WTO成员做出了教育服务承诺,有限开放我国的教育市场。可以预期在不久的将来,我国基础教育会更加开放地面向世界,更加主动地进行国际交流与合作,更加积极地参与国际竞争。我国中小学校教育的对外开放处于一个持续渐进的过程,其发展趋势是必然的。①

　　二是基础教育对外开放与本土化的关系。中小学校教育的对外开放要求各国中小学校教育要有国际的视野、开阔的胸襟,开放本国的教育市场,吸纳他国基础教育的优势。中小学校教育的民族化则是在全球化背景和基础教育对外开放发展的进程中,保持本国文化的独特性、民族性,固守本国基础教育的特质。

　　2017年9月,中共中央办公厅、国务院办公厅印发《关于深化教育体制机制改革的意见》,指出深化教育体制机制改革的第一条基本原则就是坚持扎根中国与融通中外相结合,继承我国优秀教育传统,立足我国国情,遵循教育规律,吸收世界先进办学治学经验,坚定不移走中国特色社会主义教育发展道路。

　　基础教育的对外开放是世界发展趋势,是更为活跃和能动的因素;基础教育的民族化是各个国家教育传统的集中体现,是相对稳定和被动的。两者之间存在着一种张力,如何把握两者之间的张力、处理好两者之间的关系,对基础教育的发展至关重要。

　　我国基础教育在国际化进程中,一方面要把握好国际化和本土化的关系,保持在全球文化中的民族话语权利;另一方面要走出民族主义的误区,消解狭隘的民族主义,提升人类本位的教育境界。②

　　三是基础教育对外开放的发展定位问题。现实中,一些地区在发展教育对外开放时并没有对教育对外开放形成清晰的认识。一些人认为基础教育对外开放等同于单纯的只是外事人员的责任、基础教育对外开放是一种标准等片面的

① 张军凤,王银飞.关于基础教育国际化的几个问题[[J].上海教育科研,2011,01:9-11.
② 孙鹤娟.教育国际化与教育的民族主义[J].社会科学战线,2006,01:234-238.

理解或做法,甚至只是将教育对外开放作为提升形象和宣传的点缀,缺乏对基础教育对外开放战略性地位的整体思考与合理规划。对基础教育对外开放发展定位不清晰,将会导致其发展偏离正常轨道。

21世纪以来,基础教育对外开放逐渐成为我国基础教育的热点,表现在重视外语教学、加强国际理解教育、扩大国际教育交流与合作等方面。随着我国改革开放的不断深入,社会主义市场经济体制的完善,教育服务贸易纵向拓展、基础教育对外开放的进程也在不断加深。基础教育对外开放发展基本遵循三个方面的价值定位,即多元与差异、公正与公平、和平与发展。首先,人类的价值目标与人类文化是多元的。国际化教育应尊重学生不同的个性化需求,为学生的学业发展提供多元的选择机会。基于这样的认识,尊重学生个性差异,对学生实施多元教育尤为重要。其次,教育的公正与公平应当引起重视。整个社会,在表达学生对于教育的多元利益诉求的同时,也越来越渴望优质的教育资源。基础教育对外开放不应只局限在部分条件好的学校实施,而应惠及更多的学校和学生,以保障学生都能享有优质的教育资源和平等的发展机会。再次,相互合作、共同发展是当今国际教育贯彻的主题。只有立足于全球的和平与发展,才能建立起合作、融合的良好教育环境。国际化教育不仅要打开学生视野,而且要增强学生对国际的理解,还要向学生加强国际和平教育。

近年来,有关国际交流合作的相关法律规范不断完善。2016年4月29日,中共中央办公厅、国务院办公厅印发了《关于做好新时期教育对外开放工作的若干意见》,强调要坚持"四个全面"战略布局,全面贯彻党的教育方针,以服务党和国家工作大局为宗旨,统筹国内国际两个大局、发展安全两件大事,坚持扩大开放,做强中国教育,推进人文交流,不断提升我国教育质量、国家软实力和国际影响力,为实现"两个一百年"奋斗目标和中华民族伟大复兴的中国梦提供有力支撑;提出要坚持"围绕中心、服务大局,以我为主、兼容并蓄,提升水平、内涵发展,平等合作、保障安全"的工作原则,目标是:到2020年,我国出国留学服务体系基本健全,来华留学质量显著提高,涉外办学效益明显提升,双边多边教育合作广度和深度有效拓展,参与教育领域国际规则制定能力大幅提升,教育对外开放规范化、法治化水平显著提高,更好满足人民群众多样化、高质量教育需求,更好服务经济社会发展全局。

同年7月,教育部发布《推进共建"一带一路"教育行动》,为教育领域推进"一带一路"建设提供支撑。文件指出,推进"一带一路"教育共同繁荣,既是加强与沿线各国教育互利合作的需要,也是推进中国教育改革发展的需要,中国愿意在力所能及的范围内承担更多责任义务,为区域教育大发展做出更大的贡献;要求各级各类学校秉承"己欲立而立人"的中国传统,有序与"一带一路"沿线各国学校扩大合作交流,整合优质资源走出去,选择优质资源引进来,兼容并包、互学互鉴,共同提升教育国际化水平和服务共建"一带一路"能力。中小学校要广泛建立校际合作交流关系,重点开展师生交流、教师培训和国际理解教育。①

2019 年 2 月,中共中央办公厅、国务院办公厅发布《中国教育现代化 2035》,指出要开创教育对外开放新格局,全面提升国际交流合作水平,推动我国同其他国家学历学位互认、标准互通、经验互鉴;扎实推进"一带一路"教育行动,加强与联合国教科文组织等国际组织和多边组织的合作;提升中外合作办学质量,优化出国留学服务;实施留学中国计划,建立并完善来华留学教育质量保障机制,全面提升来华留学质量;推进中外高级别人文交流机制建设,拓展人文交流领域,促进中外民心相通和文明交流互鉴;促进孔子学院和孔子课堂特色发展,加快建设中国特色海外国际学校,鼓励有条件的职业院校在海外建设"鲁班工坊";积极参与全球教育治理,深度参与国际教育规则、标准、评价体系的研究制定,推进与国际组织及专业机构的教育交流合作,健全对外教育援助机制。

2020 年 6 月,教育部等 8 部门联合印发《关于加快和扩大新时代教育对外开放的意见》,指出:一是在教育对外开放中贯彻全面深化改革的要求,二是把培养具有全球竞争力的人才摆在重要位置,三是推动教育对外开放实现高质量内涵式发展,四是积极向国际社会贡献教育治理中国方案;同时牢牢扭住制度建设这个关键,在前期工作基础上,继续实施教育对外开放制度建设三年行动(2019—2021 年),持续推进配套文件研制工作,为新时代教育对外开放提供坚强制度保障。②

上述文件为我国基础教育对外开放提供了明确的指导思想和政策依据,是推进基础教育对外开放的政策基点。

各地教育行政部门从地区教育实际出发,引导当地中小学探索国际化形式,形成了合作办学、扩展国际业务、项目合作与交流、境外教育消费、专业研修等多

---

① 教育部.关于印发《推进共建"一带一路"教育行动》的通知[EB/OL].[2020 - 12 - 21]http://www.moe.gov.cn/srcsite/A20/s7068/201608/t20160811_274679.html.

② 教育部等 8 部门全面部署加快和扩大新时代教育对外开放[EB/OL].[2020 - 12 - 21]http://www.moe.gov.cn/jyb_xwfb/gzdt_gzdt/s5987/202006/t20200617_466544.html.

种模式。因此,基础教育对外开放制度与机制的建设,同样要依循基础教育对外开放的价值定位来确定制度与机制的基点:

(1) 从国家战略高度进一步推动基础教育对外开放,建立健全有关教育法规,明确教育对外开放的优先领域、开放的重点及相关的优惠政策,吸引国外优质教育资源向国内发展。

(2) 明确义务教育和非义务教育的界限,公益性教育与商业性教育、营利性教育的区别和界限,维护各类办学主体的合法利益,创造公平、公正、公开的国际化办学环境。

(3) 规范体制改革,在引进国外优质教育资源过程中,进一步加强对公办学校使用教育国有资产的管理,确保国有资产的保值增值。

(4) 将中小学作为基础教育对外开放的实践主体,充分发挥学校的主动权和自主权,鼓励其在国际化办学维度上展开竞争,优化教育资源配置。

总之,培养国际化人才是一个系统工程。从教育与外部关系上看,它需要政府和整个社会创设适合国际化人才成长的良好的经济、文化、制度和政策环境;从教育内部看,培养国际化人才,不只是某一级教育或某一类教育所能单独完成的,它需要从基础教育到高等教育乃至继续教育完整的教育体系作为支撑和保障。这是因为国际化人才的培养应是各级各类教育实施的知识、能力、态度、价值观教育在人身上综合发展的过程;基础教育不仅是向学生传播本国本民族优秀文化传统、弘扬民族精神的关键期,也是培养学生拥有国际视野、学习国际多元文化,培养国际意识的关键期。"在全球化背景下,教育要更多体现'以人为本'的价值追求以及为整个人类的生存与发展服务的理念。教育既要培养'个体'的人,又要培养'国家'的人和'全球'的人。"[1]因此,我们只有抓住基础教育这个关键阶段,推进基础教育对外开放,把握好我国基础教育对外开放的制度定位,才能为培养既能服务国家、服务人民,又能参与国际竞争的各级各类人才奠定坚实的基础。

(三) 区域基础教育对外开放的制度定位

对上海这座开放的城市而言,国际化是城市发展的应有之义,教育也是如

---

① 尹后庆.为青少年学生架起迈向未来社会的坚固桥梁——上海基础教育应对全球化浪潮的思考和举措 [J].上海教育科研,2009,(1):9.

此。1843年上海开埠后,西方列强纷纷介入,伴随租界的设立和传教活动的增加,由外籍人士创办的教会学校、租界学校纷纷诞生。外籍人士创办的教会学校和租界学校是西方教育在上海的一个"窗口",对上海教育的多元化、国际化起到了推动作用,客观上推动了上海现代教育的产生和发展。伴随西方人士在沪办学的增加,国内新式学校的创办(如黄浦区梅溪小学等)以及传统学校纷纷转型为新式学校(如上海中学等从传统科举体制下的书院转型为新式学校),学校教育的内容发生了很大转变,其中一大变化就是引进西方国家的教育内容。西方教育内容的引进,对于中国传统学校的转型、新式人才的培养起到了一定的推动作用,对近代中国教育产生了较大影响。与西方教育教学内容相伴,国外的教育教学模式也得到国人的重视,比如班级授课制的实施、道尔顿制的实验等,都在当时产生了广泛影响。上述几种情况都发生于基础教育阶段,构成了早期上海基础教育对外开放的实践雏形。[①]

时代发展到今天,教育对外开放更是上海未来教育发展的必然选择。《上海教育现代化2035》指出,上海教育发展得益于不断扩大开放,在国家战略和全球坐标系中谋发展;不断加大国外优质教育资源引进力度,新设一批高质量中外合作办学机构和项目,吸引若干教育类国际组织常驻机构入驻上海,留学生教育质量稳步提升,学历生数量和比例不断增长。由此,上海将打造教育开放引领区作为未来教育发展的战略定位,以更加主动的教育开放战略为引领,建成面向全球的教育对外开放门户;全方位拓展开放的广度和深度,强化学习合作交流机制,提升全球优质教育资源配置能力,参与全球教育治理,提供国际教育服务,增强同"一带一路"沿线国家(地区)教育合作,提升上海教育的国际影响力。

这一政策定位为未来上海基础教育对外开放的发展指引了明确方向:

一是以学生培养为核心,让学生具备国际交流、理解、合作、竞争的能力。大力开展国际理解教育、学生国际交换、推动公派出国学习,选拔优秀学生进入国外高水平大学和研究机构学习,让各级各类学生逐步具备国际交流、理解、合作、竞争的能力,并培养一批具有国际视野、通晓国际规则、能够参与国际事务的国际化人才,适应上海经济社会对外开放的需要。

二是以能力建设为抓手,提高上海的国际化办学质量和能力,促进上海教育

① 徐士强.上海基础教育国际化历史简溯[J].世界教育信息,2011,03:72-73.

的内涵发展,提升城市的国际化形象。鼓励各级各类学校开展多种形式的国际交流与合作,办好一批示范性中外合作办学机构和项目。探索多种方式利用国外优质智力资源,吸引更多世界一流专家、学者来华从事教学和科研工作。与国外高水平大学合作,建立教学与科研合作平台,联合推进高水平研究。借鉴国际上先进的教育理念和教育经验,促进上海教育体制与机制改革,提高上海教育的质量和国际竞争力,推动上海现代化国际大都市的建设。

三是以多元服务为平台,积极参与国际教育服务和人文交流。积极拓展与友好城市、世界政府间国际教育组织以及非政府国际教育组织的教育合作与交流,主动参与对外人文交流,发挥领域外交的作用,服务于国家公共外交大局。建立来华留学生教育服务支持系统,扩大来华留学生规模,提高来华留学生教育质量。完善外籍人员子女学校的结构与布局,为在沪外国中小学生提供多元化的教育服务。加快推广国际汉语教育,培育国际志愿者,传播中华文化。鼓励开展境外办学,与世界分享上海教育改革和发展的成功经验。

二、区域基础教育对外开放制度与机制建设的基本框架

在《浦东新区教育对外开放工程三年行动计划(2012—2015)》中,将教育对外开放作为浦东新区教育未来发展的必然选择,作为全面贯彻和落实国家和上海市《中长期教育改革和发展规划纲要(2010—2020)》的重要内容。浦东新区基础教育对外开放的发展,紧密配合"创新浦东、和谐浦东、国际化浦东"的创建,立足于浦东新区国际化的战略定位,积极构建教育对外开放发展的支持系统,着力在教育对外开放发展制度与机制建设、学校国际化课程建设、国际化师资队伍建设、教育对外开放交流与合作机制建设、涉外教育能力建设、教育对外开放资源建设等方面加以推进,由此构成了浦东新区推进基础教育对外开放制度与机制建设的基本框架。

2019年1月实施的《浦东新区教育对外开放三年行动计划(2019—2021年)》则聚焦"五大领域":在继续加强教育对外开放规划设计、完善教育对外开放规则体系;优化涉外教育结构,提升中外优质教育资源合作水平;多渠道开发国际化课程资源,奠定国际化人才的发展基础;坚持本土培养与海外引进相结合,建设稳定而专业的教育国际化干部教师队伍;加强基础建设,构建有力的教育国际化支持系统,以此进一步提升浦东教育对外开放的整体水平。

未来三年,浦东新区教育对外开放将从上述"五大领域"出发,重点做好以下"十大项目"的建设:一是完善教育对外开放的规划与规则体系项目,主要包括研制教育对外开放2035年远景规划,构建具有浦东特色的国际化教育体系,建立起科学合理的工作机制,深入思考和细化教育对外开放的各类制度与规则体系等内容。二是提升为新区营商环境优化的国际教育服务能力项目,主要包括优化由外籍人员子女学校、本地学校国际部和本地学校三个层面招收外籍人员子女就读的体系;建立区域国际教育联盟,支持浦东中小学与浦东范围内外籍人员子女学校进行课程合作及师资研训,增进彼此交流与融合。三是提升中外优质教育交流水平项目,主要包括持续优化与境外教育交流合作,促进中外学校校际交流平等机制建设,开展浦东学校现有对外交流项目及学校对外交流与合作水平评估,建设一批国际交流合作示范学校和特色学校等。四是建设中外融通的国际化课程项目,主要包括以国际理解教育为基础,研发、完善现阶段适合浦东师生需要的跨文化素养培育课程;培育一批浦东跨文化素养培育课程基地学校和上海国际理解教育特色学校;开发中外融合的校本课程,丰富新区高中学校的现有课程体系;开展发达国家或地区的课程教学的比较研究,为新区课程教学改革提供服务等。五是高标准校长、教师涉外研修项目,主要包括逐步形成相对固定的校长教师海外研训专业基地,开拓国际视野,提高学校的办学能力;支持浦东涉外研修教师讲习团建设;发挥集团化、学区化办学优势,加大涉外研修教师队伍优质资源的辐射作用,对标国际一流,助力浦东教师创新教育理念,变革教育教学等。六是外籍教师任教质量与效益提升项目,主要包括规范落实国家外籍教师引进和聘用的各项规章制度,开展中外教师合作教研,开展中外双师联动教学,提升外籍教师聘用的综合效益等。七是对外汉语教育建设项目,主要包括积极促成"上海市对外汉语教育中心"落户浦东;继续开展"国际学生征文"活动并优化工作机制,促进外籍学生对中国优秀传统文化的理解,扩大中国文化的对外影响力等。八是教育外事干部队伍素质提升项目,主要包括通过开展系统培训,加快培养一批政治坚定、视野开阔、内外兼通、能力出众的教育外事干部队伍,实现浦东教育对外合作交流工作由接待事务型向专业服务型转变。九是组建浦东教育对外开放"专家库",发挥"智库"作用,为浦东教育对外开放把脉导航。十是浦东教育对外开放信息系统扩容项目,主要包括建立新区国际教育数据库,建设教育国际化资源平台等。

三、区域基础教育对外开放制度与机制建设的基本内容

围绕推进基础教育对外开放制度与机制建设的基本框架,浦东着力推进教育对外开放的规则与制度体系研究与建设,着力建设一套具有较强操作性的制度,直接指导、服务新区教育对外开放的发展。

(一) 国际教育工作的内部规则和工作程序

一是区域国际教育专业机构的职能与主要业务。区域国际教育专业机构一般包括区域教育行政部门的外事机构和教育国际交流中心等。区域教育行政部门的外事机构主要负责外事行政管理;区域教育国际交流服务中心的主要功能是服务、指导、研究和培训等,具体包括管理功能、指导与服务功能、研究功能、辐射功能等。例如,浦东教育国际交流中心具体包括校长教师境外培训、外籍专家引进与管理、中外合作与交流、公务团组考察、中外国际论坛、汉语国际推广等。

二是内部工作岗位的职责与任务。主任、副主任、主管、外事与合作交流管理、国际教育研发、项目推进管理等岗位都要有明确的职责分工。

三是教育对外开放工作的基本程序。借鉴 ISO9000 管理体系的基本理念,服务过程通常从策划程序、设计与开发控制程序、过程控制程序三个方面进行梳理和规定。

四是国际教育工作的基本流程,例如办理考察团组出访流程图、办理培训团组出访流程图、举办国际会议流程图、外事接待流程图等,这对进一步明确国际教育工作环节,提高工作效率具有重要价值。

(二) 区域基础教育对外开放推进过程中需要的外部制度

在区域推进基础教育对外开放过程中,这些外部制度的制定应该分门别类进行:

校长教师境外培训制度系列,包括《校长教师境外培训遴选方案》《教师境外培训责任书》《培训手册》《浦东新区教师参加国际会议管理制度》《浦东新区教育管理干部海外挂职研修基地建设方案》《浦东新区校长教师赴境外培训班级管理规范》《浦东新区校长教师培训项目评估方案及指标》等。

中外课程合作建设系列,包括《浦东新区中外教育课程研究中心建设方案》

《上海市浦东新区国际化课程指导意见》《推进浦东中外课程融合的指导性意见》等。

外籍教师引进与管理系列,包括《浦东新区推进外籍教师进课堂实施方案》《浦东新区外籍教师管理制度》等。

对外合作交流系列,包括《浦东新区海外游学指导性意见》《浦东新区教师与国际友好学校交换管理制度》《浦东新区教育国际会议管理制度》《浦东新区学校与国外(境外)学校友好结对管理制度》等。

国际教育服务系列,包括《浦东新区国际学校(部)联盟章程》等。

(三) 教育国际交流活动中的具体规范

这是指与推进区域基础教育对外开放外部制度相配套的格式性或工具性规范文本:

交流与外事活动系列:《因公出国或赴港澳任务申请表》《因公出国(境)计划申报表》《浦东新区因公出访团组情况汇报表》《浦东新区教育局因公赴台人员申请表》《历年对外合作交流情况调查表及预报表》《国际会议预报表》《出国人员情况表》《浦东新区在校港澳台地区及外国学生人数统计表》《赴美签证信息采集表》《出国夏冬令营申报表》《浦东华文教育专家(教师)志愿者申请表》等。

境外培训系列:《校长申请表》《教师申请表》《浦东新区校长、教师涉外培训国内合作机构办学能力考察项目表》《境外培训人员情况表》等。

外籍教师管理:《外籍教师聘任与管理手册》。

外事干部及队伍建设系列:《外事干部工作手册》等。

这一框架基本涵盖了浦东新区基础教育对外开放规则与制度的主要内容,为我们推进浦东新区基础教育对外开放的开展奠定了扎实的制度基础。目前,大部分规则与制度已经付诸实施,但基础教育对外开放规则与制度建设仍需要进行深入思考和细化。

第四章　中外融通的国际化课程资源建设

一、国际化课程的内涵

国际化课程是教育对外开放的载体,是教育对外开放重要的内容之一,具有可实践、可操作的特性。经济合作与发展组织在 1996 年对国际化课程作了诠释:国际化课程是一种为国内外学生设计的课程,在内容上趋向国际化,旨在培养学生能在国际化和多元化的社会工作环境下生存。该组织还归纳了 9 种国际化课程的类型:具有国际学科特点的课程(比如国际关系、欧洲法律等);传统或原始学科领域的课程通过国际比较方法得以扩大(比如国际比较教育);培养学生从事国际职业的课程(比如国际商务、会计、管理);外语教学中的有关课程,讲授、学习特定的相互交流沟通问题,培养跨文化交流与处事技能;科际课程,比如超过一个国家的地区研究;旨在培养学生获得国际专业资格的课程领域,比如建筑师;合作授予的学位或者双学位课程;课程必修部分由海外当地教师授课;包含有专门为海外学生设计的内容的课程。

国内学术界对国际化课程的内涵有以下几种观点:

一是课程内容的国际化。在已有的教学体系中开发具有国际化特征的课程,拓宽学科专业的国际视野;或者在已有课程中增加国家案例和全球议题,使课程内容具有国际导向。季诚钧[1]和李永强[2]均主张将国际化内容融入课程。

二是课程实施的国际化。如与国外大学合作,采用外国教材,使用国外的教学评估体系,对课程进行国际化管理。李延成[3]提出,国际化课程的目标是将国

---

[1] 季诚钧.关于大学课程国际化的探讨[J].课程·教材·教法,2003,04.

[2] 李永强.我国高水平大学师资队伍国际化研究[D].兰州大学,2009.

[3] 李延成.高等教育课程国际化的理念与实践[J].外国教育研究,2002,07.

际因素整合到正式课程和课程操作中,此观点得到了汪立琼[①]和汪霞[②]的赞同。王若梅[③]更进一步指出,课程国际化是课程主要要素的国际化而并非全方位的国际化。

三是课程进程的国际化。包括指派留学生到国外学习和引进国外教师。蔡基刚提出吸引外国留学生和中外合作办学是国际化课程的主要进程。[④]

教育对外开放在最近几年越来越体现为国际化课程的建设。笔者认为,国际化课程是教育对外开放的载体,是教育对外开放最重要的内容之一,属于教育对外开放的核心环节,具有可实践、可操作的特性,它包括教学内容、教学安排、教学手段、教学方法和教学环境等内容,是教学实施的一个总体框架范畴。

二、中外融通的国际化课程资源建设的意义

课程是学校、教育发展和提升最为关键的核心要素,也是落实教育对外开放最重要的步骤。2017 年,中共中央办公厅、国务院办公厅印发《关于深化教育体制机制改革的意见》指出,深化教育体制机制改革的第一条基本原则就是坚持扎根中国与融通中外相结合,继承我国优秀教育传统,立足我国国情,遵循教育规律,吸收世界先进办学治学经验,坚定不移走中国特色社会主义教育发展道路。2019 年,教育部印发《中小学教材管理办法》指出,教材编写修订要"努力构建中国特色、融通中外的概念范畴、理论范式和话语体系"。新形势下融通中外的课程建设是对国家政策及积极响应,对我国教育对外开放的发展具有重要意义。

(1) 融通中外的课程建设有助于以国际化视野确立课程目标。

课程目标是人才培养目标在课程设置中的反映,传统的课程目标通常致力于培养学生了解并掌握某门具体的学科知识,目标设定较为单一、狭隘和片面,而融通中外的课程建设在目标定位方面则立足于培养学生的国际视野、全球意识和参与国际事务的能力,在强调知识的同时也强调了能力,尤其是强调了适应全球化发展需要的能力,这是对传统课程目标的深化与发展。最早推行国际化课程的国家无不以国际化视野确立课程目标,如美国提出培养"有全球意识的

① 汪立琼.对我国高校课程国际化的反思[J].山西财经大学学报,2005,09.
② 汪霞.大学课程国际化中教师的参与[J].高等教育研究,2010,03.
③ 王若梅.解析高等教育课程国际化[J].江苏高教,2011,02.
④ 蔡基刚.教育国际化背景下的大学英语教学定位研究[J].外国语,2012,01.

人""有国际眼光的人",日本要求培养"具有国际视野的世界中的日本人"等,均对其课程目标产生了重要的影响,使课程目标融入了浓重的国际化色彩。[1] 国际化所体现的是国家之间的交流与互动,故其所涉内容的流动应是双向度的,国际化课程资源同样也应是一种双向流动的过程,既存在国外优秀课程理念的引进,也存在课程的输出,通过国外优秀课程理念引进,积极吸纳其他国家优秀文化成果;通过课程输出,将本民族的文化精华传播到世界各地,为其他国家认同和接受。这种引进与输出并重的态势是一种理想化的课程国际化的发展状态。

所谓教育的对外开放,就是用国际视野来把握和发展教育。因此,融通中外的课程建设就是要让我们的校长、老师们学会运用国际化的眼光来审视、把握学校现有的培养目标、教育课程,引领学生适应不同国度、不同文化,适应并推进自身思维方式、价值观的改进和提升。中外融通的课程首先是用一种国际视野的理念,它要求我们要重视培养学生对不同文化、不同民族、不同民风的认同、理解、包容和接纳。教育对外开放并不是要将国内孩子的思维方式纳入国外轨道,而是要培养他们自己的想法,同时让他们从小就了解还有其他不同思维方式、价值观的存在。正是那些特色鲜明的、多元化的思维方式、价值观构成了多样的世界。

(2)融通中外的课程建设有助于我们站在全球化和社会整体发展的高度上选择教育内容。

教育对外开放推动了国际化教育的改革,在国际化视野下我们会发现原有的教育的一些不足,借鉴先进的经验来消除这些不足。同时,世界各国以全球文化的教育为内容,站在全球社会整体发展的高度,培养世界性通用人才和创新人才,有利于吸收世界各地教育的积极因素,并且可以避免传统教育的狭隘性、封闭性与隔离性,从而实现教育要面向未来、面向世界、面向现代化的目标。

(3)融通中外的课程建设不仅仅是促进知识共享的重要方式,同时也是文化价值观实现互补的重要手段。

国际化课程隐含着一种开放性和普适性,因此它有利于促进知识的共享,是现代社会条件下促进知识共享实际而有效的一种方式。除此而外,课程的文化载体的属性决定了中外融通课程也是文化价值观上实现互补的重要手段,有利

---

[1] 王若梅.解析高等教育课程国际化[J].江苏高教,2011,02.

于弥补一个国家传统文化价值观上的缺陷和不足。例如,中国传统文化博大精深,数千年来铸就的文化品格内敛、含蓄、深沉,文化价值观主要表现为重道德而轻事功,尚"义理"而鄙"艺器",法经典而薄今世,尊"往圣"而抑个性,亚洲其他国家受汉文化影响,其文化在某种程度上同样具有上述意蕴,如日本、新加坡、韩国等,这种文化传统注重群体观念而缺乏对人的个性的尊重,注重中庸求同式思维而缺乏批判性思维,在促进国家统一与稳定发展中发挥了重要的作用,然而对于现代社会以创新求发展的特征而言则成为一道亟须跨越的屏障。而以英、美等国为核心的西方文化,其文化品格外显、张扬。此种文化的特征在于受多元竞争影响,讲求效率,富有创新精神;受古希腊文化影响,普遍重实践,求真务实;受宗教信仰影响,尊重人权及个性自由;在价值观上注重鼓励自我表现、崇尚个人成就、追求科学真理、提倡质疑和批判。每一个民族或国家文化都有其优秀的一面,也都有其缺陷和不足的一面,而中外融通课程建设不失为促进不同国家和地区文化价值观上取长补短的一剂良药。

(4)融通中外的课程建设有助于我们广泛利用国内外的各种课程资源。国际化使教育资源在全球范围内最大限度地达到合理、优化、高效的配置目标。中外融通课程建设的目的在于培养具有国际视野、在各行各业起引领作用、具有创新精神的领导型人才,因此,邀请业界精英与学术大师前来授课一方面可以感受大师风范,另一方面则有助于培养创新型的人才。在教育对外开放大背景下,各国采用人才交流、合作办学等多种方式并利用卫星电视、网络等高新技术手段,充分利用国内外一切可以利用的人力、物力及文化资源,尤其是信息资源,以最少的教育投入,生产质量更高、数量更多的教育产品,从而提高国际化教育的整体效益。在信息技术飞速发展的今天,多媒体教学在课堂上已经得到普及。与传统教学手段相比,多媒体教学以其快捷、便利、图文并茂的特性更具生命力,三维动画的表现形式更为广大师生青睐。中外融通课程建设利用最新技术,在授课过程中引进多媒体与高科技,给学生带来了逼真的情境模拟和想象空间,打破时空限制,有助于扩宽学生眼界,激发学生的学习兴趣。尤其在理工科基础课程的学习中,理论知识相对抽象,多媒体画面可以将教学内容表象化,给学生以感性认识。由于受时间与空间场地等限制,不可能每个学生都有机会亲自操作每一个实验,更不用说有些实验现象并不容易被观察到,但多媒体展示则可以很好地解决这个问题,做到节约授课时间、增加课堂容量,使教学得到优化。

三、中外融通的国际化课程的主要形态

中外融通课程建设首先需要确立国际化的课程目标,它是课程体系的灵魂,也是学生培养目标在所设置课程中的具体体现;[①]课程设置即教学计划,是根据课程目标对学校开设课程结构等方面的规定。我国课程体系的特点是学科知识型及理论深化型,更加注重专业化和系统化,强调学科自身的知识体系,注重学科纵向联系;而在课程内容方面,一个学科如果只注重本国经验而不学习其他国家的经验,其教学内容将是片面且不客观的,对学生知识体系形成和学术思想培养是相当不利的。

浦东新区推进中外融通课程建设的基本定位是多渠道开发国际化课程资源,积极推进中外学校课程比较与借鉴。通过分析、比较不同类型的国际课程,选择适合浦东新区教育发展需要的国际化课程加以借鉴,并在教学方式变革和教材比较研究方面做出拓展性研究,继而为深入推进中外课程借鉴试点、共建中外融通课程探索实践机制。

一是以中外合作办学的形式推进中外课程合作与借鉴。鼓励浦东新区优质高中与国外知名学校合作,开展课程方面的中外合作办学项目试点,借鉴国外高中先进的课程设置、教学模式和评估方法,开展中西贯通人才的培养,融合创新,并最终形成具有新区特色的现代化课程体系,加快课程发展的国际化步伐。

二是在高中教育阶段引进面向中国籍学生的国际课程。借鉴国外课程经验,深化新区高中课程改革,在部分高中试点引进国际课程。促进本地课程与境外优质教育的有效衔接,培养学生的创新思维,提升学生国际竞争力。明确国际课程准入标准,规范发展高中国际课程,进一步加强对已引进的国际课程的过程管理和效益评估。

三是积极支持中外融合的校本课程建设。引进国际课程,并在比较和研究国际课程先进要素的基础上,挖掘、吸收和融合世界先进的课程理念、课程结构、教学方式、教材设计、课程管理和评价体系,开发设计中外融合的校本课程,完善新区现有的课程体系,提高课程体系的现代化和科学化水平。

四是引进国外先进的教育教学方式。教学方式是达成教学目标而运用的措

---

① 粟茂,向淼.第三部门兴起对我国社会发展变化的影响[J].成都行政学院学报,2003,06.

施和方法,是教学活动的动态方式和存在状态。在义务教育阶段引进国外先进的教育教学方式,是为提升教学质量和促进学生能力培养与发展、完整推动中小学校教育对外开放发展而采取的策略之计。教学方式与方法影响教学质量,它关涉学生各种能力的培养和发展。国际课程的顺利引入和实施,与学校的教学软硬件、师资力量、教学管理水平等要素相关,教学方式与方法的也是其重要内容。

五是开展双语和多语学科课程教学实验。加强双语教学,鼓励多语种教学,提高外语语言课程教学质量。选择部分外语教学特色学校和实验性示范性高中开展多语种教学试点,通过科学布局、错位发展,增设外语语种,重点开设国际通用语言、世界主要发达国家语言以及浦东新区经济社会发展急需语言,培养和提高学生跨文化的国际交往能力。

(一)以中外合作办学的形式推进中外课程合作与共建

中外合作办学是在改革开放的背景下,适应我国教育与文化不断扩大对外交流的需要,为了把外方的优质教育资源引进到中国来,培养高素质人才,而发展起来的一种新型的办学形式,因而它有着自己特定的内涵与外延。

2019年,国务院发布第709号令,实施新修订的《中华人民共和国中外合作办学条例》中,中外合作办学是指"外国教育机构同中国教育机构在中国境内合作举办以中国公民为主要招生对象的教育机构的活动"。

设立教育机构开展合作办学,是由中外双方共同投资,形成合作体的独立的法人财产,具备法定的办学条件,独立承担办学的责任。这种办学机构是由中外双方根据契约建立起来的,中外双方依照契约享受相应的权利并承担一定的责任和义务,还具有独立的事业法人资格、享受独立的办学自主权,其内部管理实行董事会制。法人实体框架下,合作办学的管理将更加专业化。

(二)在高中教育阶段开设面向中国籍学生的国际课程班

2010年7月,《上海市中长期教育改革和发展规划纲要(2010—2020年)》提出"试点开设高中国际课程",此后,上海普通高中开设国际课程发展迅速,已经形成相当的办学规模。据统计,截至2012年,上海已有15个区县的33所学校自发开展高中国际课程教育教学,引入了18种高中国际课程。为明确引进国际课程的价值定位,规范普通高中引进国际课程的实践与管理,借鉴国际课程经验,深化高中课程改革,2014 年,上海市教委批准了 21 所普通高中试点国际课程工作。上海开展普通高中开设国际课程试点研究旨在体现三大价值定位:进一步扩大教育对外开放;有利于深化本市中小学校教育课程改革;适应学生的多样化需求。通过对国际课程的实践与解剖,取其长补己短,借此深化上海基础教育课程改革和上海教育对外开放进程。国际课程最本质的东西,一是帮助我们学生更好地面向世界,培养全球意识和竞争力;二是帮助我们学校在世界课程的体系中研究规律,找准自身的定位,中西融合,增强普通高中课程的现代性、丰富性、多样性,使本土课程的质量得以提高,更贴近学生发展需要。实践证明,只有学校亲自实践体验,才能真正了解和掌握不同国际课程的精华,并为我所用。

根据上海市教委的要求,举办国际课程班的试点学校应具有较强的管理和教学力量,改革基础较好;各试点学校是国际课程项目的管理主体,必须实际承担国际课程教育教学工作、教师队伍建设和财务管理工作;学校不得以出租、出借校舍或以提供冠名、收取管理费等方式与其他社会机构开展国际课程合作;承担国际课程教学工作的教师须具有教师资格证书,境外教师须符合相关规定;在整个课程方案中必须完成语文、思想政治、历史、地理等学科的教学要求,其他引进课程的教学要求与本市普通高中学生学习要求水平相当。

在招生制度上,公办普通高中国际课程班的招生计划单列,纳入本市普通高中招生计划,报考学生须符合当年本市中考报名条件并已参加报名。国际课程班学生的遴选由学校采取面试、签约(签约学生数不得超过招生计划数)的方式自主预录取并公示。学生参加本市中考并达到市实验性示范性高中提前招生批次最低控制分数线方可正式录取,不再参加以后批次的志愿投档录取。民办普通高中国际课程班招生计划单列,分为两部分:一部分招收符合当年本市中考报名条件并已参加报名的考生,其招生计划纳入本市普通高中招生计划。由学校采取面试、签约(签约学生数不得超过招生计划数)的方式自主预录取考生并进行公示。学生参加本市中考达到学校规定的最低控制分数线方可正式录取,不再参加以后批次的志愿投档录取;另一部分计划招收非本市中考考生,其计划数原则上不超过学校国际课程班当年招生计划总数的 50%。由学校根据初中统一招生考试成绩或其他测试成绩,自主择优预录取学生并进行公示,预录取学生按学校有关要求进行正式录取。通过招生录取的国际课程班学生名单须上报市教育考试院中招办。学生注册入学后获得本市普通高中学籍,其学籍纳入本市普通高中学籍管理,进入上海市基础教育学生信息库。

　　学生按照课程方案经过完整的高中学习经历达到相关课程学习的要求,并在本市语文、思想政治、历史和地理科目的高中学业水平考试中达到合格水平者,颁发统一制作的本市普通高中毕业文凭(加注"国际课程班")。学校不得自行制作和颁发学历文凭。学生毕业后符合当年教育部和市教委高考报名条件的可在本市参加高考。[①]

　　学校对国际课程的引入与实践,重要的是从国际课程的实施中找到一些有价值的、先进的课程改革元素,将它们迁移、改造、运用到适合我国学生的课程建设中,为我国培养国际化人才奠定坚实的基础,为我国优秀高中生的创新素养提升与可持续成长提供更为良好的、先进的课程资源。

　　国际课程所具备的现代性、探究性以及数字技术的运用,对中方教师的学科功底、教学方式、评价方式以及语言运用都构成了严峻挑战。如果能够充分比较和融会贯通中外课程,成长为国际化的教师,实现全校范围内的共享,那么对于促进公办高中的课程与教学改革,推动人才培养方式的革新来说,其价值显而易见。

　　实际上,对于利用公办教育资源举办国际课程班,一直存在争议。有观点认为,作为公办高中,满足学生多样化需求是自身的一种职责,对于目前的一批国内优质高中学校而言,具有举办"国际课程班"的优势和条件,理应发挥它们的积极作用。也有观点认为,满足学生的选择性需求,主要应当由民办高中和社会培训机构承担,公办高中举办"国际课程班",不免有挤占公共教育资源的嫌疑。

　　为孩子提供留学出路,改革传统教育方式,国际班的优势显见。但是不少高中国际班还混杂着国际课程和国内高中课程两套体系,学生既有机会拿国外高中文凭冲击国外大学,又能拿到国内毕业文凭,甚至"退而求其次"参加国内高考(课程)。但在很多教育专家看来,这样的课程安排很不科学,更与国际教育的初衷背道而驰。同时,一个比较完整的国际课程体系应包含数学、英语(课程)、语文、社会科学、自然科学、艺术等,但目前能全部开设的国际班很少,如艺术课程就有很多国际班未设置。

　　与此同时,合格的师资也是困扰学校举办国际班的一个问题。目前国际班的师资来源主要有三类群体组成:一是由中介机构聘请有资质的外籍教师,二

---

① 上海市教育委员会.关于开展普通高中国际课程试点工作的通知[EB/OL].[2013 - 05 - 10]http://www.shmec.gov.cn/html/xxgk/201305/402162013002.

是学校聘请的海归人员或留学生,三是本校教师。前两类教师流动性大,教学水平不稳定,直接影响到国际班的教学质量。

(三) 国外教育教学方式的引进

在日常使用中,人们对于教学方式有多种理解。国内外理论界对于教育方式的概念定义,也一直未能达成一致,但通常都是经由分析教学方法和教学方式的关系来对教学方式进行阐释的。李森在其著作《现代教学论纲要》中提出,教学方法是指教学的工作方式,教学是师生的共同活动,因此任何方法都具有两方面的意义:既关系到教师的工作方式,又关系到学生的工作方式。教学方法是教师为完成教学目的,使学生得到良好的成长,指导他们工作和学习的方法和方式。[①] 即他认为,教学方式与教学方法是等同的。

教学方式是人类的生存方式在教学活动中的映射,必然要受到文化的规约和影响。因此教学方式的选择必须考虑主流的文化心理、主导型的文化价值观和特定的文化传统。[②] 国外的教学方式,以探究世界的本质作为思想起点,教学是教师帮助学习者自主探究世界及其自身的实践活动,以自主研究为核心的教学行为在西方的教学方式中占据着主导地位。而我国的文化则是自然主义和经验主义的,注重经验的累积,教学方式在中国更多地是由教师向学习者传递人类固有的经验,因此以讲授为核心的教学方式在中国占据着主导。可见,我国习惯于单项型的授课方式,倾向于被动接受知识而非主动思考和建构,因此较难形成提问讨论的课堂氛围;而国外的学校教育重视能力的培养,鼓励课堂的发言和参与,可以很好地融入到话题谈论、提问等合作的教学方式中。

同时,国外的教学方式多采用提问式、引导式。在面授课中,教师经常提出问题,让学生回答和讨论,同时鼓励学生随时提问,课堂气氛非常活跃,学生是在主动地学习;而在国内的教学中,面授课主要是教师的活动,学生参与少,多数情况下是被动地学习。国外讨论课的实施,是在面授课以后,学生进行思索与消化,带着问题到讨论课中与教师讨论。由于讨论课人数相对较少,学生的问题能够得到充分的讨论。作业经常采用提交报告等方式,一门课程一般要上交两份报告或更多,提交报告可以使学生围绕学习内容查找更多的资料进行总结,达到

---

① 李森.现代教学论纲要[M].北京:人民教育出版社,2005.
② 李森,王天平.论教学方式及其变革的文化机理[J].教育研究,2010,12:66-69.

触类旁通的学习效果;而国内教学中的作业,经常是每章后的习题,范围相对狭窄,不利于学习内容的深入掌握。并且,国外的教学环节都围绕着提高学生自主学习的能力,围绕着学生对学习内容的掌握,使学生学习到的知识和技能更深刻;而国内的教学在调动学生主动性和积极性方面相对比较薄弱,教师灌输知识的成分比较大,学生参与的机会比较少,因此,这种方式不利于调动学生学习的主动性和积极性,不利于对学习内容的掌握。①

通过比较,可以看出国内的教学与国外存在着一定的区别,有必要引入国外的教学方法和教学模式,对提高教学效果能够起到促进作用。

(四) 中外课程的比较与借鉴

浦东新区中外教育课程研究中心积极推进基础教育阶段中外课程教材的比较,中外课程比较与借鉴的理论和实践,中外课程比较与借鉴的支持系统建设,中外基础教育课程合作的政策、体制研究,不同学科的中外课程合作研究,高中阶段中西贯通人才培养模式等方面的研究。

1. 中外课程比较与借鉴建设的政策设计

通过持续推进中外学校课程比较与借鉴建设研究,浦东新区在中外课程比较与借鉴建设的政策设计方面,先后研发了《浦东新区推进高中中外课程合作建设的指导性意见》《浦东新区普通高中推进中外课程比较与融合建设的实施方案》《浦东新区高中中外融合课程建设情况评价指标体系》等政策文件,对于推进高中中外课程合作建设的目的、范围、内容、类型、途径、保障措施等都做出了具体的规定。在推进高中中外课程合作建设的目的方面,要求结合浦东新区学校教育教学的实际,进行改造、运用、融合和创新,推动浦东新区当前普通高中学校课程体系改革,为构建符合学校当前教育实际和适应未来教育发展趋势的现代化课程体系,为培养具有中国文化根基和国际视野、能够参与全球竞争的中西贯通的人才奠定基础。将推进中外课程合作建设的适用范围规定为浦东新区公办的全日制普通高中。开展中外课程合作试点的普通高中学校应将国家课程的语文、思想政治、历史和地理四门课程作为必修课程的前提下,在其他学科领域进行融合的探索和实验,其主要内容为:①中外课程合作的政策、体制研究,②中外课程合作的理论和思想研究,③中外课程合作的模式与实践研究,④中外课程

---

① 李京平.双语教学中引入国外教学方法的探讨与实践[J].计算机教育,2008,12:44-46.

的比较研究,⑤不同学科的中外课程合作研究,⑥中外课程合作的技术支持研究,⑦高中阶段中西贯通人才培养模式的研究。浦东新区普通高中是进行中外课程合作建设的主体,直接承担推进中外国际课程合作的教育教学、教师队伍建设和管理工作。浦东新区中外教育课程研究中心是推进新区中外课程比较与借鉴研究和实践的专业研究机构,通过研究队伍与实验基地建设、组织开展中外课程合作建设学术研讨与交流等形式,致力于开展中外课程比较与借鉴的理论创新、中外课程教材的比较、中外课程比较与借鉴的支持系统等方面的研究与实践探索;同时,负责对已引进的国际课程进行质量监控和评估,对新区中外融合的校本课程建设进行评估和推广。要有效引进社会资源。中外课程的合作建设研究还需要依靠高校或相关科研单位的资深专家参与中外课程合作建设的制度设计,规划中外课程合作建设的框架,参与评价中外课程比较与借鉴的实施效果。

浦东新区制定了《浦东新区普通高中推进中外课程比较与融合建设的实施方案》(以下简称《方案》),对高中中外课程比较和融合研究工作进行了政策设计,指出中外课程的比较和融合是中外课程合作建设的关键,应将促进中外课程比较与借鉴作为今后发展中小学校教育对外开放的一项重要任务,其目的在于通过对国内外课程目标、课程内容、课程结构、课程实施、课程评价、课程管理等方面进行分析和比较研究,挖掘中外课程中所蕴含的先进的课程要素,探索中外融合课程的内涵、特点、样态、路径、管理和评价机制,设计和开发彰显浦东学校特色的中外融合课程,挖掘中外融合课程的资源以及进行相适应的国际化教师队伍建设,从而推动当前浦东高中学校课程体系改革,为构建符合浦东高中教育需要的现代化课程体系,实现融贯中西、参与全球竞争的人才培养目标奠定基础。

《方案》要求,浦东新区所有高中学校均应开展中外课程比较和融合的理论研究和实践探索。研究内容主要包括中外课程、教材的比较研究和中外融合课程的建设研究两大板块。研究的定位旨在加速浦东高中课程国际化的步伐,使浦东高中开设的课程彰显选择性、现代性、探究性特征。《方案》还对研究的时间安排作了具体规定。在研究的保障措施方面,在区域层面上,浦东新区教育局和浦东新区中外教育课程研究中心应每年定期对浦东学校的中外课程比较和融合情况进行过程管理和质量跟踪,为学校开展中外课程比较和融合研究提供咨询和服务。在学校层面上,学校是进行中外课程比较和融合研究的主阵地,浦东新区普通高中学校应积极地参与中外课程的比较融合研究和实践,成立由各学科带头人组成的项目研究组,充分利用国内外的课程资源,凭借教师的教学专长和课程研究能力,进行中外课程的比较和融合的相关研究和实践。

2. 中外融合课程建设质量标准

通过组织教师研讨、专家论证和实地试用等多种形式,经过多次修改,建构了评价浦东新区高中中外融合课程建设情况的指标体系,其有 8 个一级指标,21 个二级指标。一级指标涵盖了课程设计、课程内容、教与学的方式、课程管理与评价、师资队伍、课程研究、课程资源、其他特色课程或项目 8 个维度;二级指标包括课程理念、课程框架、课程内容的选择与组织、课程内容的呈现、教学组织形式、教学方式、学习方式、师生互动、组织架构、教务管理、教学评价、学习支持、评价方式、专业态度、专业知识与技能、专业发展、研究组织、研究成员、图书资料、设备设施、资源整合等方面。

3. 开展中外课程标准的比较研究

在国际教育改革的大背景下,当前世界各国进行了一轮又一轮的课程改革。课程标准是一门学科的纲领性指导文件,发挥着该学科教学工作的"组织者"作用,可以确保不同教师有效地、连贯地、目标一致地开展学科教学。它既是教材编写、教学、评估和考试命题的依据,又是国家管理和评价课程的依据。作为课程的中观形式,对课程内容的选择等方面具有指导意义,同时也是课程改革的核心部分,因此,通过国别间课程标准的比较研究,取长补短、相互吸取经验,对本国课程标准的研发以及本国课程的发展具有十分重要的意义。

同时,在当今经济全球化的态势下,各国之间在经济、政治、文化、教育等方面的交流日渐加强,任何一国的教育都不可能再囿于本国的封闭范围之内。如何立足于本国文化传统之中并积极吸收、借鉴其他国家教育中的有益成分,夺取教育发展的主动权,才是发展教育的正确方向。因此,开展中外课程标准的比较研究,既有助于浦东新区教师拓宽视野、丰富研究内容,也可以为将来浦东新区的中外教育交流与合作提供研究案例和借鉴意义。

浦东新区开展中外课程标准的研究主要通过两种方式,一是选取 10 个左右的国家和地区,在数学、物理、化学、生物、信息科技、体育等学科系统开展中外学科课程标准的比较研究;二是指导兼职研究员以中外课程为基础进行中外学科课程标准的比较研究,分别对中美、中英、中澳等的课程标准进行比较和分析,为我国研制各学科的课程标准提供借鉴和启示。这些研究成果包括余浩平的《芬兰和上海高中数学课程标准的比较研究》、李智的《美国和上海高中物理课程结构的比较分析》、姚霞的《英国地理教材特点分析》、李善斌的《中英"地理技能"内容教材比较分析》、郑钢的《美国、英国和澳大利亚生涯教育课程的比较分析及启示》等。

4. 开展中外课堂教学案例的比较研究

课例研究是指围绕一堂课的教学在课前、课中、课后所进行的种种活动,包括研究人员、上课人员与他的同伴、学生之间的沟通、交流、对话、讨论。通过对兼职研究员和国外优秀教师的课堂教学过程进行比较研究,分析了中外课堂教学的优势和不足,为新区教师课堂教学改进提供了有益的启示。这些研究成果主要包括郑钢的《中澳语文"象征"教学的课例比较与分析》、殷琴的《中美英语课堂阅读教学的比较浅析——以 The Teddy Stoddard Story 一课为例的同课异构》、邬罕清的《中美教师高中英语任务型阅读教学同课异构课例分析》、沈华的《美国课程的特色及启示》、余浩平的《上海-芬兰课例的比较与分析》、董书佳的《上海与 IBDP 数学课例的比较与分析》、乔林的《上海与 IB 数学课堂研究性学习的比较与分析》、李智的《中美物理课堂教学实录中引入环节设计的比较与分析》等。

四、新时期学生国际化素养培育课程建设主要形态

2020 年 6 月,教育部等 8 部门印发《关于加快和扩大新时代教育对外开放的意见》,指出在基础教育领域,"将加强中小学国际理解教育,帮助学生树立人类命运共同体意识,培养德智体美劳全面发展且具有国际视野的新时代青少年"。《浦东教育现代化 2035》指出,努力提升中外优质教育资源合作水平,拓展学校开展国际交流与合作的广度与深度,深化跨文化素养教育与国际理解教育区域特色课程建设。

笔者认为,培育学生国际化素养可以从跨文化素养培育课程或国际理解教育课程入手,这两类课程均为联合国教科文组织提出并在世界各地推广实施,既有深度的联系又各有侧重。

(一)跨文化素养培育课程

1. 跨文化素养培育课程的内涵

跨文化素养课程旨在系统地拓宽学生的跨文化知识,开阔学生的国际化视

野,培养学生的全球化意识,使其能够在跨文化意识引领下以多元路径探索人类社会及自然世界所关心的问题,能够在跨文化价值观的驱动下以批判性精神迎接世界的瞬息万变所带来的严峻挑战,最终使学生成为 21 世纪具有国际视野和素养的公民,具有国际化意识、态度和价值观。

2. 开展跨文化素养培育课程建设的意义与价值

随着经济社会的发展,人类跨文化交往日益增多。一方面人们的足迹遍及世界各个角落,而另一方面交通工具的现代化、信息技术的日新月异,使得在某一个区域内就可实现国际政治、经济、文化的对话和交流。不同的民族、宗教信仰、政治制度、价值体系、思维方式的交流使人类已经不可回避地走向了一个跨文化的时代,任何一个人类群体都必须面对千姿百态的外来文化。人类的跨文化关联促进了人类社会的发展,而人类社会的发展又强化了人类的跨文化关联。

1992 年,联合国教科文组织发布的国际教育大会建议书《教育对文化发展的贡献》正式提出了跨文化教育的概念。这是国际社会第一次在世界范围倡导跨文化素养培育,是联合国教科文组织的历史性突破。这一倡导极大地拓展了联合国教科文组织所倡导的国际理解教育(强调不同文化群体的相互理解),不仅强调对其他国家文化的理解,而且强调尊重、鉴赏其他国家的文化和世界性文化。

2016 年,我国发布的《中国学生发展核心素养》明确将学生的国际理解能力作为核心素养之一,学生应具有全球意识和开放的心态,了解人类文明进程和世界发展动态;能尊重世界多元文化的多样性和差异性,积极参与跨文化交流;关注人类面临的全球性挑战,理解人类命运共同体的内涵与价值等。

跨文化素养培育较之国际理解教育有更丰富的内涵,它不仅包括不同国家文化之间的教育活动,也包括同一国家之内不同民族等文化之间的教育活动(即多元文化教育或跨民族教育),并延伸至同一国家之内不同社会群体文化之间的教育活动,也就是说,跨文化素养培育是不同种族、不同国家、不同民族、不同宗教、不同地域或性别等社会群体之间的教育活动。

当前,随着我国社会的日益多元化发展,我们在开展中国文化与外国文化的跨文化素养培育、开展国际理解教育的同时,关注国内不同民族之间的跨文化素养培育、不同阶层之间的跨文化素养培育同样必要,有时甚至更为重要。

正如联合国教科文组织所指出的,跨文化素养培育促进了跨文化理解与交流,传播了跨文化知识,培养了开放、尊重、宽容的跨文化态度,为走向人道的世界性的跨文化交往开辟了新的途径,为通过教育促进跨文化实践进行了有益的探索。

正因为如此,2015 年 3 月上海市教委成立了"上海市跨文化基础教育研究中心",在基础教育阶段开展跨文化素养培育的长期研究。浦东新区也把跨文化素养培育作为教育综合改革的重要领域。

浦东新区作为国家首个综合配套改革试点区和教育综合改革试验区,多年来在教育体制机制改革创新方面一直走在全市乃至全国前列。《浦东新区教育综合改革方案(2015—2020 年)》在改革举措上针对重点领域和关键环节,提出了十大改革措施,其中第七项就是开展跨文化交流合作,明确提出以浦东新区本课程(如《国际理解教育》)为基础,开展中小学跨文化素养培育。2015 年,浦东新区启动了师生跨文化素养培养的可行性路径分析;2016 年,实施了师生跨文化素养培育课程框架研究。

2017 年至今,浦东新区持续推进师生跨文化素养培育课程框架研究,与项目学校一起,以原有的国际理解教育为基础,立足于课程理论,结合校本课程开发与实施,并以跨文化能力和跨文化学习的相关理论为基础,研发并在学校实施适合新阶段浦东新区师生需要的跨文化素养培育课程。开展浦东新区师生跨文化素养培育课程的开发研究,不仅是对政策诉求的积极回应,还十分有利于完善浦东新区从幼儿园到高中的跨文化素养课程体系,在加强民族传统文化教育的同时,提高学生和教师的跨文化交流的知识和能力,进而深化浦东新区基础教育课程改革,进一步推进浦东新区扩大教育对外开放进程。

3. 跨文化素养培育课程目标

(1) 跨文化素养课程总目标。跨文化素养课程旨在系统地拓宽学生的跨文化知识,开阔学生的国际化视野,培养学生的全球化意识,使其能够在跨文化意识引领下以多元路径探索人类社会及自然世界所关心的问题,能够在跨文化价值观的驱动下以批判性精神迎接世界的瞬息万变所带来的严峻挑战,最终使学生成为 21 世纪具有国际视野和素养的公民,具有国际化意识、态度和价值观。

跨文化素养不只是一组互不相干的素养组成的集合,其各组成要素之间是一个动态、相互联系的有机整体,即相互之间都有联系,可以通过外语、数学、科学、社会研究、艺术等学科跨文化素养课程和跨学科的跨文化素养课程学习而统一起来。在知识爆炸的今天,我们不可能也没有必要完全掌握世界历史、地理、艺术或其他领域的知识,通过将跨文化视角、全球化问题意识等全球化能力的不同维度与专业跨文化素养课程和学科跨文化素养课程结合起来,就既能掌握具有一定深度的学科概念和知识,又能在跨学科的基础上理解环境问题、人口老龄化、全球冲突与合作、经济全球化、文化冲突与多样性等复杂的全球化问题,从而使学习者既从跨文化视角来理解这个全球化的问题,又能掌握有效的跨文化沟通技巧等全球化能力。

（2）跨文化素养课程分级目标。通过研究,笔者认为,跨文化素养课程目标的框架体系,包括在三维框架下开发出的二级目标,以及对目标的说明,如表4-1所示:

表4-1　跨文化素养课程目标的框架体系

总目标	一级目标	二级目标	跨文化素养课程目标说明
了解世界不同文明的知识,掌握至少一门外语,具备有效的跨文化交际技能,具有国际化意识、态度和价值观及行为能力	跨文化素养的认知维度	外语知识	个人承认或意识到他人有着不同的世界观,要承认其存在的合理性,并能包容或欣赏他人这种差异性世界观的存在
		跨文化知识	了解当前世界发展现状及趋势状况,比如人口增长问题、移民问题、世界经济形势、世界政治现状、科技发展状况、法律、健康、国家内部以及国家间冲突问题等
	跨文化素养的能力维度	外语技能	意识到世界各地文化的多样化,与此对应的不同文化的形态和做法也各异,要理解各文化、文明差异多样化的存在
		跨文化理解能力	能较好地理解世界作为一个由各种不同文化、国家、地区组成的复杂系统,它的主要特点及运作机制是怎样的,以及全球化社会中一国利益与全球变化的相互作用,比如经济全球化的益处、全球人口爆炸、资源环境变化等
		跨文化思维能力	能够从国际视野来分析中国的本土问题,能分析中国语境下的经济、政治、社会、文化等问题与全球化之间的关系
		跨文化交际能力	随着人类对于全球化认知水平的提高,个人、国家以及整个人类的某个选择问题,可能对于其他人、整个世界产生不同的影响,因此个体在做决定时要把自己放在世界这个大背景下进行思考,要有国际视野,要有全球化的危机意识

（续表）

总目标	一级目标	二级目标	跨文化素养课程目标说明
跨文化素养的价值维度		跨文化意识	和平意识、环保意识、平等意识、社会公平意识、同理心意识、爱国意识、地球村意识、理解自我与世界的关系
		国际化视野	对待多元文化持包容、理解、欣赏、开放的态度,热爱祖国文化的态度,为世界生态环境、世界和平、各文明和平相处负责
		国际化公民责任	具有热爱大自然/祖国/民族/种族/文化,作为一个国家合格公民的素养、公民教育的基本价值规范; 具有世界各国/民族/地区/种族/文化共存共荣的价值观; 具有尊重多样文明的客观存在以及"和而不同"价值观; 具有爱护地球生态环境、热爱和平、反对文明冲突、社会正义、人权、平等的价值观

4. 跨文化素养培育课程类别

在课程设置方面,跨文化素养培育课程有以下四类:

（1）以外语教育为载体的跨文化交际课程。此类课程基于语言交际努力,是跨文化素养养成的前提和基础,侧重于"语言交际能力"的培养。

（2）基于学科教育的国际理解教育课程。目前中国各地开展的国际理解教育,主要是通过历史、地理、外语等学科教学活动渗透国际理解的理念和精髓,系统的国际理解教育课程是这种学科渗透式教学的核心。这里特别需要区分国际理解课程和渗透于学科教育的国际理解课程。前者是聚合式的国际理解教育,后者是发散式的国际理解教育,两者各有其优点与缺点。

（3）开发跨文化校本课程。笔者将这一类课程划分为"输入型"跨文化校本课程——让中国学生了解世界、"输出型"跨文化校本课程——让国际学生了解中国、"混合型"跨文化校本课程——中西文化交流为特征这样三种形式,并在报告中各以典型案例作出详细说明。

（4）其他具有"准课程"形式的课程设置。此类课程中,一般是通过多种准课程形式进行跨文化素养培育,例如,举办中外科技夏令营,借助丰富多彩的中外文化交流主题活动感知异国文化;开展海外游学,结对外国姐妹学校等途径,以非正式学校课程教学的方式在潜移默化中培育师生的跨文化素养。

5. 跨文化素养课程的内容体系

在确立跨文化素养课程的目标框架后,可进一步设计跨文化素养课程的内容体系,并以此确立通用的跨文化素养课程模块,以及各个模块所涵括的跨文化素养课程群。

(1)课程模块的开发。跨文化认知若具体化为相应的课程模块,需要进一步明确在此跨文化素养课程目标下所蕴含的课程内容,即引导学生深入了解其他民族、国家和地区的文明知识,诸如政治、经济、历史、社会、风俗等知识。它所对应的跨文化素养课程群为"世界文明",所包含的主要跨文化素养课程群有西方文明史、中国文明史、西方人文经典、中国人文经典、全球视野中的社会、全球视角下的文化、政府与宗教的关系、中国艺术与当代世界等等。

跨文化技能可具体化为两大课程模块,即世界生态文明与世界交际文化,分别对应两大课程目标,即跨文化思维能力与跨文化交际能力。世界生态文明所涵括的跨文化素养课程群主要包括资源依赖、资源回收、水的处理等资源议题;石油和核子能源、太阳能、水力之开发与保存等能源议题;海陆空的环境保护、全球温室与冷却效应、酸雨、陆地下陷等环境议题。世界交际文化所包括的跨文化素养课程群主要有文化、交际、跨文化交际,文化定型、偏见与民族中心主义,非语言行为及其文化差异,跨文化交际障碍与语用失误,中国人的谦逊、礼节、面子观和人际关系,美国人的价值观——平等、物质主义、科学与技术、进步与变化、个人主义,等等。

跨文化价值观所关照的教育框架是与世界环境教育、和平教育、发展教育相关的国际化公民教育内容与社会主义核心价值观教育内容;经济全球化、人类命运共同体等全球化系统的知识,以及对于环境污染、水资源短缺、移民问题等有关全球化社会问题的相关知识,以及这些全球化与本地化之间的关系的知识;运用全球化视角来分析当今中国社会和文化问题,这些跨文化素养课程框架可概括为世界和平与国际问题两大跨文化素养课程模块,分别对于跨文化素养的两大价值,即国际化公民责任与全球化意识。

基于此,跨文化素养课程可开发为五大模块:跨文化认知与世界文明模块、跨文化思维与世界生态文明模块、跨文化交际与世界交流模块、国际化公民责任与世界和平模块、全球化意识与国际问题模块。

(2)课程群的开发。跨文化认知与世界文明模块旨在让学生在学习和了解其他民族、其他国家和地区文明知识,诸如政治、经济、历史、社会、风俗等方面的知识。由此,应该包括西方文明史、中国文明史、西方人文经典、中国人文经典、全球视野中的社会、全球视角下的文化、政府与宗教的关系、中国艺术与当代世界等等。

跨文化思维与全球生态模块,旨在让学生学习关于全球生态环境、自然资源等地球生态文明知识,生态文明与现代文明间相关性方面的知识的基础上,培养他们的批判性思维能力、问题解决能力、创造与创新能力、信息化运用能力、跨文化沟通与合作能力,以及终身自主学习能力。由此,应该包括资源依赖、资源回收、水的处理等资源议题,石油和核子能源、太阳能、水力之开发与保存等能源议题,海陆空的环境保护、全球温室与冷却效应、酸雨、陆地下陷等课程群。

跨文化交际与国际交流模块,一方面旨在培养学生的语用行事能力、语用推理能力、语用文化能力和语用语境能力,引领学生反省语言的社会交流功能;另一方面使学生在跨文化交际实践中增进他们的语言交际实践能力、非语言交际实践能力,以及语言规则与交际规则的转换能力。由此,应该包括文化、交际、跨文化交际,文化定型、偏见与民族中心主义,非语言行为及其文化差异,跨文化交际障碍与语用失误,中国人的谦逊、礼节、面子观和人际关系,美国人的价值观——平等、物质主义、科学与技术、进步与变化、个人主义,等等。

跨文化意识与国际问题模块,旨在通过让学生了解经济全球化、人类命运共同体等系统知识的基础上,能够对于环境污染、水资源短缺、移民问题等有关全球化社会问题有深入的了解,进而明晰这些全球化与本地化之间的关系,最终能够运用全球化的视角来分析当今中国社会和文化问题。由此,应该包括全球社会中的全球化问题、国际贸易问题、移民问题、环境问题、能源问题、贫困问题、种族问题、妇女问题、和平问题等等。

国际化公民与世界和平模块,旨在通过世界环境教育、和平教育和全球发展教育等相关的国际化公民教育内容,使学生能够爱护地球生态环境、热爱和平、反对冲突,养成和平意识、环保意识、平等意识、社会公平意识以及地球村意识,进而理解自我与世界的关系。由此,应该包括世界形势研究、世界和平行动、和平与冲突、人权与平等、种族与文化、环境关怀、财富与权力分配、性别平等、全球治理、经济体系、人口结构、科技与沟通等等。

6. 跨文化素养培育课程实施方式

（1）课堂教学。设计一些符合实际的主题和范围,了解不同环境下的语用交际规则，讨论有关的社会文化问题，以达到原文化学习的目的。此外，课堂教学也可采用讨论和比较分析法，选择一些明显带有文化差异的项目让学生操练，比较中外文化的差异。在中外对比中，既可深入了解本国文化传统，又能加深不同文化间的理解与认同。

（2）主题与案例教学。教师充当导演、配角，起引导、组织和纽带的作用，通过选材、操作等过程，在案例分析教学中将不同文化背景的语言特色、风土人情、历史事件和现实冲突等素材展示于学生面前，是跨文化知识、意识、思维和交际能力的综合训练过程，能帮助学生达到学习外语语言技能与培养跨文化交际能力有机结合的目的。

（3）活动教学。通过诸如角色扮演、案例探讨、关键事件法等将学校与社会联系起来，进而让学生对文化多样性、跨文化过程中的文化冲突及其伴随的身份认同协商有了切身的体会和领悟，进而提高自己的跨文化能力水平。活动教学主要培养学生的文化多样性知识、批判性文化意识、理解和阐释技能化及宽容、尊重的态度。

（4）综合实践活动。这一形式的介入，有助于跨文化素养的最终表现形式即跨文化的意识与经验的形成。比如，按照相关的内容统整学科课程，从而达到相互整合、相互补充，共同构成学年综合主题内容体系。以学生为主体的体验性学习和探究性学习为主，引导学生从自身熟悉的生活中发现问题，培养学生自主发现、自主探究、自主解决问题的意识和能力。

（二）国际理解教育课程

国际理解教育是面向 21 世纪的新的教育观念，是推进世界和平的重要教育内容。其目的是增加不同文化背景、不同种族、不同宗教信仰和不同区域、国家、地区的人们之间的相互了解和相互宽容；加强他们之间的相互合作，以便共同认识和处理全球社会存在的重大共同问题；促使"每个人都能够通过对世界的进一步认识来了解自己和了解他人"，将事实上的相互依赖变成为有意识的团结互助。[①]

1. 国际理解教育课程的主要特点

国际理解教育以培养跨文化交流的人才，以利于世界和平和发展为目标，一

---

① 徐辉，王静. 国际理解教育研究［J］. 西南师范大学学报（人文社会科学版），2003，06：85-89.

方面它重视知识、能力的传授，另一方面它更重视一种情感、态度、价值观的塑造。其有以下五个特征。

（1）国际理解教育是真正的文化对话，而独白和自言自语不是对话。同样，文化对话也不是"文化独白"与"自言自语"。文化对话作为一种文化上的"人际关系"发生过程，体现为现在与过去的对话、解释者与被解释者的对话，这是一个意义无限展开的过程。在国际理解教育中，语言是不可缺少的媒介，它不仅仅是一种认识工具，更是一种对世界的态度。人脱离了语言世界，文化就失去了意义的寓所，丢失了文化的生活内涵。因而，国际理解教育认为，掌握外族语言是理解异族文化的重要条件。要真正理解异族文化，读懂其深邃而丰富的文化内涵，就必须学习语言这个文化对话的基本工具，克服语言障碍将有助于减少"文化独白""自言自语"的封闭与隔离的状况，有助于推动文化间的交流。

（2）国际理解教育强调基本价值观的自我建构。自我建构的价值有助于形成和平文化，排除对异域文化的歧视与仇恨。国际理解教育认为，理解者与"他者"相互交换与对话，总是基于自己已有经验与价值基础，从而对"他者"进行对话和价值建构。已有的价值观念成为国际理解的前提条件。如果价值观念恶化，人们就将充满偏见、歧视、极权、邪恶、残暴与战争观念，缺乏尊重、民主、正义、仁爱与和平的基本理念与准则，这将导致国际理解的破产，种族冲突与暴力将重新抬头。因而国际理解教育强调给予一套具有普遍意义的道德价值观念和态度，必须发展一种各种文化所共同认可的价值观念和态度，必须发展一种各种文化所共同认可的价值观即"和平文化"，比如尊重、宽容、民主、正义、仁爱与和平等。这种"和平文化"是不为现代社会动荡和商业化侵害的价值观和态度。因此，国际理解教育认为，我们从小就应讲授宽容、理解、尊重他人及各种共享的活动，这有助于培育肥沃的土壤，以使未来的学生能够在其之上播撒和平的种子。[1]

（3）国际理解教育强调动态的文化理解。用静止的观点看待各个异域文化将导致文化理解的表面化与静止化，因此国际理解教育强调动态的文化理解。动态的文化理解包括两层含义。其一，理解是历史的。人生活于时空之间，生活于历史与现实之间，从某种角度来说，历史具有深厚的文化底蕴，体现了文化的价值内核。因此，没有深厚底蕴的民族与文化，可以说是浅薄的，也可以说是苍

---

[1] 彭近兰.论大学英语中的国际理解教育[J].教育理论与实践,2003,03.

白的。认识文化的动物——人,他的意义也同样寓于历史之中。难怪有人将历史称为人类的镜子和记忆的卫兵。① 忘记了历史也就忘记了人的立足之本。因而,国际理解认为,我们要丰富文化视界,真正接受外来文化,理解其文化要义,认真学习其文化发展史,否则不可能达到真正的国际理解。其二,理解是运动的。即国际理解教育是一个不断变化、不断生成、开放、动态的过程。世界每一种文化都在发展,都处于生生不息、吐故纳新的绵延运动过程之中。同样,对于异域文化的理解也是在不同文化间相互渗透、相互交流中完成的。静止的、凝固的文化理解,将使文化之间的"文化差异"人为地僵化与扩大,"文化差异"制度化的结果势必导致进一步的文化隔阂与文化歧视,最终使人类步入以新种族主义纠正旧种族主义的恶性循环之中。

(4)国际理解教育倡导复归生活教育。国际理解教育倡导日常生活才能使人们充分领悟人类文化的真正意义。海德格尔、迦达默尔都将生活作为人存在的基本方式。他们认为,生活和理解密不可分,理解是整个人类经验的基础,理解把我们置于世界之中,使世界的意义展现在我们面前。"但我们生活的'意义'只对我们生活的人打开"②,只有生活在这个世界中的人才能理解和领会其中的真正意义。因此,国际理解教育提倡切入异域文化的生活世界,提倡切身积累、体验与实践。唯有如此,我们才能避免文化理解的抽象化,才能克服"全球化"所具有的技术化、市场化和中心化的积弊,才能真正领悟文化理解的真谛。

(5)国际理解教育倡导可持续发展的教育理念。可持续发展的教育理念主张人类文明必须走可持续发展道路,恢复人与自然之间、精神与物质之间、信仰与科学之间的和谐与平衡。如今,人们已经"把国际理解教育作为和谐精神的一种表现。这种和谐精神产生于作为有待构思和筹划的我们地球村的活跃分子希望成为后代的利益共同生活的愿望"③,它是关系到各国、各民族乃至全人类共同生存发展的命运的重要发展战略。不论是教育目的、教育内容、教育手段还是教育过程,国际理解教育都强调贯彻运用可持续发展理念。④

国际理解教育代表了文化与文化间的合作伙伴关系。国际理解教育就是要通过各种教育手段和措施,培养具有国际理解品质和能力的人,促使文化之间相

---

① 市川博.日常授课中国际理解教育的理念和方法[J].南都学坛,2001,01:107-112.
② 杨宝忠.小学语文国际理解教育初探[J].小学语文教学,2003,06.
③ 熊川武.理解教育论[M].北京:教育科学出版社,2005.
④ 维迪努.从现在到2000年教育内容发展的全球展望[M].马胜利,译.北京:教育科学出版社,1996.

互尊重、相互理解、共同发展。[①]

2. 国际理解教育课程的主要内容

根据联合国教科文组织《第 44 届国际教育大会宣言》，在青少年中开展国际理解教育是为了使青少年在对本民族文化认同的基础上，了解别国历史、文化、社会习俗的产生、发展和现状；学习与其他国家人们交往的技能、行为规范和建立人类共同的基本价值观；学习正确分析和预见别国政治、经济发展状况及其对本国发展的影响；正确认识和处理经济竞争与合作、生态环境、多元文化共存、和平与发展等方面的国际问题；培养善良、无私、公正、民主、聪颖、热爱和平、关心人类的共同发展的情操；担负起"全球公民"的责任和义务。

国际理解教育的目标规范着国际理解教育的内容。基于国际理解教育目标的要求，国际理解教育的内容应主要体现为国际理解知识、国际理解能力、国际理解态度三个层面。

（1）国际理解知识。国际理解知识是对多元文化世界的客观而理性的认知。掌握国际理解知识是培养国际理解能力、端正国际理解态度的前提。国际理解知识具体包括四个方面：一是不同国家、民族和地区的政治、经济、历史、科技和文化等方面的情况，各种社会制度的不同与联系，国际格局和国与国之间的相互依存关系；二是人类历史发展的基本趋势、特征和发展规律；三是国际规则、国际法律、国际礼仪、国际机构、各国风俗等；四是文化、和平、人口、人权、公正、环境、资源、气候等重大国际问题。

（2）国际理解能力。国际理解能力是从事国际理解教育活动所必备的个性心理特征。培养国际理解能力是国际理解教育的核心。国际理解能力主要包括四个方面：一是参与能力，即参与是知识内化的必要条件。在学生的心灵深处都存在着自己成为一个发现者、研究者、探索者的愿望。学生应积极参与国际事务，将国际理解教育的要求转化为学生自己的内在要求，将国际理解教育目标转化为学生学习的内驱力，使自己真正成为主人。二是交往能力，即与他人、国际组织以及他国建立广泛联系并能妥善处理各种关系的能力。三是合作能力，即人与人之间、国与国之间相互依存、相互沟通、相互协调以求共赢发展的能力，是使个人、国家的生存发展不妨碍他人、他国的生存发展，而他人、他国又积极配合个人、国家的生存发展的能力。四是批判能力，是指在高度认同、自觉践履我国

---

① 杨小玲.国际理解教育的理论与实践研究[D].福建师范大学,2006.

社会主体文化的基础上,对全球多元文化进行理性判断与甄别,剔除其糟粕,吸取其精华,克服偏见和傲慢,进而丰富、创新我国社会主体文化的能力,包括自我批判能力和社会批判能力。

（3）国际理解态度。国际理解态度是对国际理解教育所持有的体验和行为倾向。国际理解态度作为开展国际理解教育的非智力因素,是国际理解教育内容的理性升华,对国际理解教育的开展具有重要的影响作用。国际理解态度主要包括四个方面:一是开放,即能够以"地球公民"的胸怀尊重、包容别国文化;能够站在全人类共同发展和进步的高度思考问题;能够学习和借鉴世界各民族文化之精华,推动我国文化发展和创新。二是理解,即认同世界多元文化、多元制度、多元意识形态,与他国沟通协商共同解决国际问题。理解是一个双向过程,包括自己理解他人和自己能够被他人所理解。三是尊重,其反映的是人和人之间、国与国之间的一种平等意识,表现为对不同国家、不同形态的政治、历史、文化以及对他人的重视。尊重既包括自我尊重,也包括对他人的尊重。四是责任,即个体或国家能够担当份内的职责,承担应当承担的义务,完成应当完成的使命,做好应当做好的工作。

3. 国际理解教育课程的实践

浦东新区是全国比较早推进中小学国际理解教育课程的区域。2010 年,浦东新区在前期探索的基础上,出台了《浦东新区中小学〈国际理解教育〉课程方案》,以区域教育行政部门作为课程开发主体,以国家《基础教育课程改革纲要（试行）》《上海市普通中小学课程方案（试行稿）》《国家中长期教育改革和发展规划纲要（2010—2020 年）》《上海市中长期教育改革和发展规划纲要（2010—2020 年）》为依据,以浦东新区地方社会经济文化发展实际以及地域特点为基础,按照中小学教育目标和青少年的发展特点与需要,对本区中小学开展国际理解教育的课程理念、课程目标、课程内容、课程实施与评价等方面作出整体性规定。2010 年浦东新区启动国际理解教育项目后,编写出版了国际理解教育初中、高中及市民读本,为区域国际理解教育的开展提供了蓝本。2011 年,在读本基础上,修订相关内容,出版了区内初中、高中国际理解教育教材。教材内容分为人与社会、人与自然、人与人三个维度,从世界文明、多元文化、合作与发展、生态环境、共建和谐世界、全球经济等诸多方面都作了深入介绍。浦东新区中小学国际理解教育课程属于地方课程的范畴,既是对国家课程的合理补充,也是浦东新区中小学在今后一定时期内实施国际理解教育教学活动和进行课程管理的基本依据。

（1）目标。浦东新区选择以开展国际理解教育作为教育对外开放的核心出发点之一，全力打造开放、多样、优质的"浦东教育品牌"，作为学生拓展国际视野、培育全球意识、尊重多元文化的有效通道，顺应国际化时代对区域教育变革的呼唤。通过中小学国际理解教育课程的实施，促进青少年学生逐步丰富对本民族传统文化的认知，了解别国历史、文化、社会习俗的产生、发展和现状，尊重并理解多元价值与多元文化；在探究与体验的基础上，学习与其他国家和地区人民交往的基本技能、行为规范，初步具备应用国际语言交流的能力，具备跨文化交际技能，乐意参与国际交往活动；学习正确分析和预见别国政治、经济发展状况及其对本国发展的影响；能够正确认识和处理经济竞争与合作、生态与环境、多元文化共存、和平与发展等方面的国际问题；自觉培养善良、公正、民主、聪颖、热爱和平、关心人类共同发展的情操；主动担负起"全球公民"的责任和义务，形成和平、民主、发展的全球视野和世界胸怀，能够从全人类发展和全球进步的角度思考问题；增进对人与自然、人与社会、人与人之间内在联系的整体认识与体验，最终谋求自然、社会、人的和谐发展。

浦东新区在推进国际理解教育的总目标下，又根据中小学生学段的不同，设定了分阶段目标，如表4-2所示：

表4-2　浦东新区国际理解教育课程目标细化表

学段	目标维度		
	知识能力	过程方法	情感态度价值观
小学	初步了解中国传统文化	通过社会实践探究、专题教育、活动课程等学习体验到别国文化特色、风俗民情、与他人正确交往的初步技能，并简单了解简单的国际问题	逐渐增强爱国主义精神、民族传统文化的认知、对他国文化习惯差异的尊重；初步培养善良、民主、热爱和平、关心人类共同发展的情操
	初步了解他国的历史、文化、社会习俗的独特性与差异性（如：重大纪念日、风土人情）		
	学习与他国人民交往的基本技能和行为规范并简单运用国际交往礼仪		
	初步掌握英语并应用于简单的国际沟通与交流		
	初步了解生态环境、和平发展、文化共存等问题与现象，并在日常生活中规范行为习惯		

（续表）

学段	目标维度		
	知识能力	过程方法	情感态度价值观
初中	基本了解国际理解教育的内容与基本要求	多采用自主探究性学习、参与体验性活动、小组合作式研究等，识记、掌握国际理解基础知识，具备相关国际交往能力、养成各类认识国际争端、容纳多元文化等意识和态度	养成较强的民族自豪感、社会责任感、正义感；养成审视自我、尊重他人、保护环境、文化多元接纳的意识和态度；具有面向他人的共感性、接受世界和自我关系的意识
	初步了解和掌握和平、人权、发展、环境、文化等概念；了解世界各种文化以及世界多元性知识		
	学会在信息化时代背景下搜集、整理、应用各类信息的能力		
	初步掌握英语并适当应用于国际沟通与交流		
	养成团队解决问题的能力和素养		
	具备较好的国际交流合作的意识及沟通能力		
高中	深入了解并掌握国际理解教育的内容	鼓励学生多参与社会实践活动、多途径了解各类知识。通过同伴互助、小组探究等方式，养成正确看待周围环境及人的态度	尊重并理解多元价值和多元文化；养成对生态环境的责任意识，对正义、和平的责任意识、开放的心态、同情的态度、共同体意识等；具有胸怀祖国、关心世界的广阔视野
	深刻理解和平、人权、发展、环境、文化多元、社会公正等概念		
	理解世界人口、贫困、环境等问题现状及产生的原因		
	唯物辩证地看待人类面对的自然、社会问题与人类自身的关系		
	掌握英语并适当应用于国际沟通与交流		
	学会和掌握批判地分析，多角度思考、选择与判断的问题解决能力		

（2）内容。在课程建设方面，浦东新区中小学国际理解教育课程从人与自然、人与社会、人与人三个维度出发，整体构建课程内容体系。

一是中小学国际理解教育的自然维度就是统筹人与自然的和谐发展,促使青少年学生重返自然之家,在与自然丰富多彩的交往中践履笃行保护环境、拯救地球的坚定信念,发展对自然的生态意识和伦理情怀,提升自身保护自然的实践能力,为全人类的可持续发展作出应有的贡献。

二是中小学国际理解教育的社会维度就是统筹人与社会的和谐发展,促使青少年学生逐步增进国际间、人际间的理解,树立世界各国互利共赢、和谐发展的理念,逐渐形成全球共同生存的意识,深刻理解和平、人权、发展、文化多元、社会公正等核心议题,追寻人类和平共处的境界。

三是中小学国际理解教育的人之维度就是统筹人与人的和谐发展,包括人与他人、人与自我的和谐相处两个方面:一方面促使青少年学生学会尊重与关爱他人,学会合作与共处,养成理解、信任、关心、同情、服务、责任等品质和能力;另一方面促使青少年学生逐步认识和完善自我,养成独立思考并付诸实践、有所选择并敢于负责的意识和能力,成为社会中的有个性而又负责任的公民。

(3)实施。课程实施过程中,小学阶段内容包括"国际理解教育的基础知识""外国的文化与生活""国际组织与国际协作""世界的多样性与促进平等""中国与世界"5个模块,初步建议每周至少2课时,学期内不少于40课时。初中阶段内容包括"当今世界与生活的联系""生态环境""世界文明与多元文化""合作与发展""共建和谐世界"5个模块,建议每周至少2课时,每学期不少于30课时。高中阶段内容包括"经济全球""生态环境""人类文化""国际关系""生命意义""中国与建设和谐世界"6个模块,建议每周2课时,每学期不少于20课时。

课程实施途径方面既可以班级为单位开展"小课堂教学",也可以学校为单位开展"中课堂教学",还可以社区、社会为单位开展"大课堂教学"。

课程组织形式建议为集体教学活动、小组合作活动、个别探究活动、混班混龄式教学。特别是混班混龄式教学,西方教育常常打破班级的屏障,以激发学生学习的主动性和积极性为前提,让学生根据兴趣爱好,不同年龄的学生可以自由组合,在主题活动、社会实践活动等各类教育中实施国际理解教育。

浦东新区国际理解教育课程的推进,有效应用课程实施策略,重点强调了课程实施中的平衡策略、环境支持策略、自然整合策略、灵活调整策略以及关注差异策略。其中,平衡策略是指对课程组织形式、课程关键领域等多方面的平衡;环境支持策略是指不断发挥环境教育的隐性指导作用;自然整合策略是指具体学科课程与国际理解教育课程的自然整合与有机渗透。

课程实施中采用多元方法,目的在于让学生充分参与到课程学习中,如视听再现、实践操作、了解社会、情境模拟、问题研讨等,这均是对"参与""探究""体验""讨论"等上海二期课改理念的有效落实。

(4)评价。在课程评价方面,浦东新区创设多维课程评价体系,实施立体化评价,以发展性评价、过程性评价为主要手段。一是评价主体多。充分体现学生家长(课程受益者)、教师(课程实施者)、校长(课程领导者)及其他人士的评价主体性。二是评价方法多样。以学生档案袋学习资料评价、观察记录、调查分析以及动态的作品展示、知识竞赛等方法来评价国际理解教育课程的实效。三是评价维度科学。学生的发展,强调与其自身的纵向对比,是在原有水平上的发展;教师方面着眼于提高其教学反思与改进能力;课程发展方面则强调学校在设计校本课程过程中出现的问题以及完善课程方面所作出的努力。[①]

五、浦东新区推进中外融通的国际化课程建设的实践

立足于在中小学校推进国际理解教育的背景,浦东新区以国际理解教育为基础,着力研发、完善现阶段适合师生需要的跨文化素养培育课程。研制区域性课程实施纲要,探索多类型跨文化素养培育课程实施策略,形成跨文化素养课程评价方案。努力创设各种有利条件,提供优质资源,支持跨文化素养培育课程在中小学校中的实践探索。

自 2012 年以来,浦东新区先后开展了英国 Real PE 课程、国际化戏剧课程、"一带一路"课程、"博物馆+"课程、未来城市课程、未来问题解决课程、水下机器人课程、促进学习的评价等中外融通的国际化教育项目,先后有 100 余所项目学校参与了我们的国际化教育项目的设计开发、教师研训、课程比较与借鉴研究。

(一)"一带一路"课程

"一带一路"倡议自 2013 年提出以来,已经成为一种广受关注和欢迎的全球公共产品,并成为中国发展的时代背景。面对变幻莫测的国际经济和政治形势,我们希望"一带一路"倡议能够促进各个国家、地区、种族和民族等相互沟通和交流、合作与共享的重要思想和意见来调和各种矛盾和冲突,指引解决之道。在这

---

① 王宇.区域推进国际理解教育课程化建设初探[J].思想理论教育,2011,24:54-57.

一过程中,对于其他国家的文化和世界性文化如何相互理解和尊重、鉴赏和共处就成为一项必需的能力素养。浦东新区作为国家首个综合配套改革试点区和教育综合改革试验区,在《浦东新区教育整体综合改革方案(2015—2020 年)》中明确提出要开展跨文化交流合作,要求以浦东区本课程为基础,开展中小学跨文化素养培育。"一带一路"课程项目由此而生。

在进行这个课程设计的过程中,我们将"一带一路"倡议中所倡导的"共商、共建、共享"原则作为建设这一门课过程中所秉持的原则,并在课程的实施过程中与各个学校共同努力,培育浦东新区师生的跨文化素养,立足于现在的文化、培养学生面向未来的能力,朝着人类命运共同体的远大理想迈进。

作为浦东新区中外融通的国际化课程项目,"一带一路"课程项目由浦东新区教育国际交流中心与中外籍专家和教师合作开发,并在区内招募的项目学校中实施和推进。"一带一路"课程项目从设计、开发到具体的实施,从 2018 年的课程 1.0 阶段实施到 2019 年的课程 2.0 阶段,从最初的学生接受难、理解慢到如今的享受课堂,学生和教师都经历了一个逐渐转变的过程。在整个课程的实施过程中,我们也看到了学生们和老师们的转变,并感受到了该课程项目的价值所在。目前,参与该课程的项目学校已从 2018 年的 2 所发展到了 2019 年的 10 所。

"一带一路"学生探究课程(1.0)针对小学高年级和初中学生,围绕"和平合作、开放包容、互学互鉴、互利共赢"为核心的丝路精神,选取多个"一带一路"倡议中的典型国家,了解不同的历史与文化,由外籍教师开展全英文教学,开拓学生的国际视野,培养他们的跨文化交流与合作能力。从 2018 年起开始分别在金桥中心小学和进才实验中学进行初步实施。在此基础上,"一带一路"课程项目研发团队在新一轮的课程设计和开发中创建了 2.0 版本:中国教师也能够完全用英文或中文教授这一课程。对学生而言,通过人文领域的对比和体验,提高语言交流能力,了解国际化处事规则,掌握跨文化沟通技能,增强跨文化对话能力,成为中外友好的桥梁,成为卓越的领导者和全球大使。对教师而言,该课程通过中外双师联动的合作教学形式,以项目制学习(PBL)的方式开展,挖掘教学资源,创新教学方法,探索教学评价方式,以期建构学生跨文化素养培育的新路径。本课程项目融合线上线下跨文化素养培育资源、"一带一路"课程资源、项目制学习案例资源等。

"一带一路"课程内容实用性较强。所选的国家分布于欧洲、亚洲、非洲。所选国家历史悠久,与中国在经济和贸易方面有着长期的交流与合作,在贯彻落实"一带一路"倡议中,与这些国家深入合作交流可能性较大。课程内容结构合理,知识与技能并重。对于每一章节教学内容均提供了网络教学资源,有利于激发学生的求知欲,培养他们的探索精神,拓展学生学习活动的深度与广度。

该课程通过中外双师联动的合作教学形式,以项目制学习的方式开展,挖掘教学资源,创新教学方法,探索教学评价方式。"一带一路"课程评价共有三种方式:书面作业、面试和团队合作项目。评价等第较规范,根据考查内容和方式的特点采用了不同的评分体系。面试和团队合作项目采用 ABCD 四级评分体系:A-Unsatisfactory,B-Basic,C-Advanced,D-Mastery。评价内容不仅注重考查学生对知识的掌握程度,也注重考查学生的隐性学习能力,如对"一带一路"沿线国家的历史文化了解程度,以及合作能力、交际能力,领导力、沟通能力等。

为了使浦东新区"一带一路"课程实施方案能有效地实施,我们将该课程方案分为教师专业发展阶段和课程实施阶段两个部分交叉进行,并从三个实施阶段构建了课程主题、课程内容、组织形式、实施条件等培训框架;丰富的课程师资工作坊资源为项目学校教师的自身专业发展提供了优质的平台。在此过程中,学生通过人文领域的对比和体验,掌握跨文化沟通技能,增强跨文化对话能力;教师通过挖掘教学资源,创新教学方法,探索教学评价方式,助力师生共同成长。

(二)"博物馆＋"学科课程

2001 年,教育部颁布《基础教育课程改革纲要(试行)》,提出学校应广泛利用校外的科技馆、博物馆等社会资源以及丰富的自然资源,积极利用并开发信息化课程资源。2015 年,国家文物局、教育部颁布的《关于加强文教结合、完善博物馆青少年教育功能的指导意见》,进一步明确博物馆资源在国家课程、地方课程与校本课程的使用,并重视结合与学科教学的紧密联系。2017 年,国务院颁布《关于实施中华优秀传统文化传承发展工程的意见》指出:"充分发挥图书馆、文化馆、博物馆、群艺馆、美术馆等公共文化机构在传承发展中华优秀传统文化中的作用。"2020 年 10 月,教育部、国家文物局印发《关于利用博物馆资源开展中小学教育教学的意见》,要求将博物馆资源融入教育体系,推动中小学生利用博物馆资源开展学习,促进博物馆与学校教学、综合实践有机结合,提升中小学生利用博物馆纪念馆学习效果。这些政策文件为博物馆与中小学合作提供指引与政策保障。

国外对开放博物馆资源开展教育也非常重视。美国博物馆教育协会 1984 年出版的《新世纪的博物馆》报告中提到博物馆要真正成为教育类机构,就必须重视与学校之间的合作。英国国家教育与就业部于 1999 年推出"博物馆和美术馆教育计划",专门拨款给博物馆,对 65 个服务学校项目进行资助;2000 年与国家文化传播体育部又联合发布了《博物馆的学习能量:博物馆教育观察》,将博物馆的功能提升至公民意识的培养。2013 年,欧洲委员会成人终身学习委员会专门设立"博物馆学习"(The learning museum,LEM)网络项目,网站提供了博物馆及文教人员交流与学习的平台。2014 年,美国博物馆联盟发布《构建教育的未来:博物馆与学习生态系统》白皮书,探讨博物馆在未来与学校进行教育合作的可能。

博物馆和教育者要能找到互相结合的方式来支持学生发展,当博物馆能够将资源和知识与学校相结合,参与者的经验会变得更加丰富、深入和富有魅力。当博物馆和教育工作者进行合作,博物馆和学校都能从中受益。博物馆和学校教师合作开发和利用博物馆的资源会使课程目标的达成更有效,而且这种彼此合作的关系也会使课程的学习与学生的生活更紧密,更容易激发学生兴趣,使学习更有成效。美国、德国、日本、加拿大等重视博物馆教育的国家早已将博物馆融入国民教育之中,博物馆与学校之间的合作也推动着博物馆教育前进。

"博物馆+"学科课程,将博物馆资源引入学科教学课堂,通过博物馆文教人员与中小学教师的合作,挖掘博物馆中的学科教学资源,创新博物馆课堂内的现场教学方法,探索博物馆教育后的学科教学评价方式,以期建构学生知识体系的新路径。

"博物馆+"学科课程实施对象主要针对小学高年级和初中学生,通过这一课程项目的开展,培养他们热爱创造、善于观察、喜欢思考的能力,参与项目的学生要对博物馆参观有兴趣,喜欢动手制作,也喜欢展示和分享。

在课程安排上,为了使"博物馆+"学科课程能有效地实施,课程分教师专业发展阶段和课程实施阶段两个部分交叉进行。在教师专业发展阶段,主要以工作坊的形式开展,招募对使用博物馆资源有兴趣的学科教师参与进来,其中,小学以美术、音乐学科教师为主,初中可以是全学科教师。在工作坊中,以课程讲座学习、现场观摩、课程研讨会等方式,分别对博物馆教育的基本概念、形式、经典案例进行介绍,通过与博物馆一线文教人员交流,以学科为分组单位,对博物馆中的学科资源进行开发实践并予以报告;通过现场观摩,探讨实践困惑,最终形成完善的课程教案。在课程实施阶段,指导项目学校教师尝试开设 1—2 单元 "博物馆＋学科"课程,通过每月一次的交流活动,不断改进,形成完善的课程方案,并在此基础上,逐步形成案例集。

"博物馆＋"课程项目,着眼于学生的眼界开拓、兴趣开发、实践开展,对于创新素养的培育具有积极的促进作用。这一项目的抓手是项目学校,落脚点是项目学校参与的教师,最终受益者还是学生。

(三) 国际化戏剧课程

戏剧教育也是近年来在基础教育中大热的教育教学方式之一。它源于欧美国家,在 20 世纪初经过教育界和戏剧界的有识之士积极倡导,催生了戏剧教育,它在欧美国家有着深远的影响。戏剧教育是用戏剧方法与戏剧元素应用在教学或社会文化活动中,让学习对象在戏剧实践中达到学习目的。戏剧教育的重点在于学员参与,从感受中领略经典的意蕴,从相互交流中发现可能性,创造新的意义。

戏剧教育在学生发展过程中扮演着非常重要的角色。学生在戏剧课程中发展起来的技能和品质是学习其他科目和受益一生的财富。戏剧课程为学生提供了无论在工作和生活中都能探索问题和发展就业技能的能力。国际戏剧课程项目的开展,促进了项目学校教师戏剧素养的形成,戏剧展演提供了叙述展示的舞台,定期研讨也加强了学校之间的联系。所有这些都为浦东教育与世界接轨,为其国际化发展起到了推动作用。

2018 年开始,浦东新区组织项目学校在张江戏剧谷举办上海市学生戏剧嘉年华展演活动(浦东专场),学生戏剧社团的精彩展示获得了圆满的成功,产生了很好的社会效应。

(四) 中小学未来城市课程

"未来之城"大赛由美国全国工程师周基金会(National Engineer Week Foundation)组织,面向 6—8 年级青少年的一个教育课程和赛事活动,距今已有 20 多年历史,旨在帮助青少年通过项目制的学习方式,对科学、艺术、技术、工程学和数学等相关学科知识进行综合运用,设计一个未来 100 年后的城市。目前,每年有来自全球各个国家近 4 万名学生参与未来之城的赛事活动。未来之城项目受到美国工程师协会与美国航空航天局(NASA)的密切关注和支持,每年获奖的团队还会被邀请到白宫接受总统的嘉奖。

2017年以来,浦东新区各项目学校均获得了上海赛区的奖项,项目学校进才北校、东昌中学南校、建平实验中学、进才实验中学在上海赛区中脱颖而出并晋级中国区总决赛,并分别获得"未来之城"中国区总决赛的特等奖、一等奖和二等奖的佳绩。

六、问题与思考

国际化课程资源建设,不仅仅是简单的国外课程的比较与借鉴,应该关注优秀国际课程所体现和反映的国际教育改革与发展的先进理念和主流方向,以此丰富学校的课程内容和教学方式,服务于学生个体的发展需求,并为普通高中的多样化发展提供参考和借鉴。浦东新区通过考察若干门适合新区学校和教师需要的国际化课程,推进了中外课程合作实验,探索了行之有效的区域推进中外合作课程与融合建设实践机制。

目前,我国高中阶段国际课程在实践层面已经从单一的课程引入逐步转向中外课程的比较与融合,国际课程的管理也逐渐从无序向有序、规范乃至精细化管理过程转变,对国际课程的关注也将从引入的条件、规范等外围问题逐步向关注中西课程融合、如何引导中西课程的有效融合以提升我国高中教育对外开放的内涵问题聚焦。

浦东新区教育对外开放的研究是以中外融通课程建设为切入点,为教育决策者提升我国高中教育对外开放水平提供决策依据,同时为教育实践者构建中西融合课程提供有效的实践路径与方法。研究回答了三个问题:①中外融通课程建设为了什么? 即融合的目的;②中外融通课程建设融合了什么? 即包括哪些内容;③怎么融合? 即融合的方法和途径。同时,在实践层面,浦东新区针对中外融通课程建设过程中出现的诸如简单化、应试化以及融合过程无序化问题,尝试回答在中西课程融合过程中如何避免中西课程的简单叠加、如何摒除国际课程在本土化过程中的应试化倾向、如何在确立学校自身特点和教师、学生条件的基础上实现中西课程的有效对接、如何处理国际课程与原有高中课程之间的关系等等。浦东新区的研究成果为实践层面的教育工作者尝试解决了中西课程融合过程中的问题,同时也为教育决策者构建中西融合课程提供了规范性、引导性的意见与建议。

我们也清醒地认识到,课程并非仅仅是一类文本,课程还与制度、教学、教师、学生、管理等紧密相连。浦东新区的研究比较注重国际课程的内容、国家课程的教材结构以及中外课程比较与借鉴的方式等内容,却忽略了课程管理这一重要内容。事实上,课程包含教学计划、教材、教学方法、教学手段、课程评估等管理内容。因此,未来的相关研究应继续扩大研究范围。

第一,中外融通课程建设需要进一步关注课程实施过程中的各类冲突现象。中外合作办学引入国外课程的过程,本质上是中外文化的对话与互动问题,需要处理好隐含其中的文化选择问题。目前,中外合作课程的多元文化特征使课程中存在着一系列冲突,具体表现在课程背景、课程目标、课程内容、传授方式等方面。各种冲突是现实存在的,其根源在于中外社会传统文化的差异,这一差异是难以避免的,它恰恰给中外合作办学带来一条培养创新型人才的特色之路。

第二,中外融通课程建设要求关注教师在其中的作用与功能。教师是促进学生批判思维养成的重要因素,中外合作课程的教学对教师提出了更高的要求和挑战,教师不再仅仅是知识的传递者,还需要指导学生实践、鼓励学生思考、激发学生兴趣并处理各种突发情况。教师是课程实施的第一人,因此学校一方面可倾向于招聘具有国际教育经历的教师,另一方面应利用与国外合作的良好条件为中方教师提供更多的国际化发展途径,鼓励中方与外方教师的交流,通过有针对性的培训计划有效地加强教师对多元文化的理解、开阔教师的国际化视野。

第三,中外融通课程建设要求厘清国家课程、国际课程与校本课程之间的关系及其任务分工问题。事实上,三种课程地位都有自身特点,如何实现三者的优势互补,这是课程管理者需要不断探索和思考的问题。

第四,探索自主国际课程设置的可能,在教育对外开放中彰显中国元素。中国传统教育在很多方面非常优秀,很多国外的学校也在努力向我们学习。因此,在我们讨论中外融通课程建设的同时,也应该思考中国课程的国际化问题。其实,在教育对外开放过程中探索自主国际课程设置的可能,并在自主课程中彰显中国元素已渐渐成为中国课程走向国际化的主要特征。可喜的是,2020年,教育部等8部门《关于加快和扩大新时代教育对外开放的意见》明确提出,打造"一带一路"教育行动升级版,扩大教育国际公共产品供给,深化与重要国际组织合作,推动实施联合国《2030年可持续发展议程》教育目标;建立中国特色国际课程开发推广体系,优化汉语国际传播,支持更多国家开展汉语教学。

第五章　基础教育国际化师资队伍建设

一、基础教育国际化师资队伍建设的内涵与特征

要提高教育对外开放水平,必须建立一支具有国际化视野、适应新时代教育发展的师资队伍,培养具有国际意识、国际交往能力、国际竞争能力的人才。[①]

关于国际化师资队伍建设,学者们有以下见解,如:王自亮认为师资国际化即通过派遣本国教师出国访问、进修、科研合作、参加国际学术会议等扩大他们的国际化视野,直接推动教学、科研向国际化方向发展,同时还要根据学校教学和科研的需要,积极引进国外智力,为我所用。[②] 倪雅认为师资国际化是指建设一支有跨文化教育背景的教师队伍,主要由三类人群构成:一是由学校派往国外进修后归国的各个学科中的优秀教师;二是拥有国际教育背景或在国外获得文凭的优秀人才;三是来自不同国家的优秀外籍教师。[③] 对于师资国际化的策略与方法,王自亮提出了三点对策:①各级教育主管部门出台相关政策对地方高校予以扶持;②造就一支具有国际眼光的师资管理队伍;③明确访学计划,跟踪服务,过程管理,强化考核评估制度建设。樊婧认为教师英语培训是解决阻碍高校国际交流的一大因素,提出应以高校教师英语培训为切入点,努力实现高校教师国际化。[④] 张华英认为要使高校的教师成为具有国际素质的人才,掌握国际前沿的学术动向信息,在视野和能力方面具备国际化水准,需要拓展高校师资

① 刘建华,黄全高,刘正良.教育国际化的国际表现与我国教育发展田[J].教育理论与实践,2003,10:1-3.
② 王自亮.地方高校师资国际化的思考田[J].人力资源管理,2011,06:138-139.
③ 倪雅.地方综合性人学师资国际化的对策田[J].扬州人学学报(高教研究版),2011,08:29-31.
④ 樊婧.以教师英语培训为抓手,努力实现教师国际化[J].才智,2009,30:206.

在海内外交流学习的渠道。①

中国驻芝加哥总领事馆原教育参赞包同曾则认为在教师职前培养和在职培训中应做好以下三方面的工作：①教育观念国际化。要使广大教师从全球视角出发来认识教育的本质和作用，认识教育的改革和发展问题，使他们自觉做到把"培养学生的国际意识，使其能够在国际文化背景下充分沟通思想"和"培养学生具有国际市场竞争的能力，掌握将来在国际社会中工作所必备的知识和技能"作为自己的重要教育使命和教学目标。②人员交流国际化。包括学生的国际交流和教师的国际交流两部分。学生和教师的跨国流动是教育对外开放的重要标志之一。改革开放以来，我国每年都有大量教师分赴世界各国进行学术交流，师生互换形式的国际交流活动也非常活跃，这些都为提高我国教育对外开放水平做出了重要贡献。我们应在各个层次的教育中，以不同的方式，广开渠道，与外国学校或教育机构建立联系，寻求合作项目，加大师生与国外各级各类学校相互交流的力度。在这个过程中，使广大师生更好地适应和参与迅速变化的国内、国际环境，进一步促进教师的自我提高、自我完善，增强国际竞争能力。③培训课程内容国际化。为了提高教育对外开放水平，在教师培养培训课程中增加国际化内容至关重要。我国教师教育的课程内容应该在原有基础上，进一步增加国际化内容，促使广大教师面向世界，重视借鉴、学习各国之长，把本国教育融入国际教育中，使他们更具有世界知识和世界眼光，在自身教育工作中更适应社会经济、科学技术的全球化发展需要。② 国外针对班集体内学生的多元文化背景，更多、更有针对性地强调要对教师进行跨文化培训，面对混班就读外籍学生的教育需求，促进国内中小学教师跨文化培训理应成为崭新的尝试领域。③

教师是学校发展的动力，教育对外开放主要依靠教师来实现。无论是课程内容国际化、国际教育学术交流，还是教育资源的国际共享，都离不开教师的积极参与。在当前全面现代化、充分国际化进程中，教育视野对于教师、学校的发展意义重大。具体来说，国际化的师资队伍至少应具备以下特征。

---

① 张华英.人才国际化与国际化人才的培养[J].福建农林大学学报(哲学社会科学版),2003,04：81 - 83.

② 包同曾.提高教师国际化视野,加快教育现代化进程[EB/OL].[2011 - 11 - 04]http://www.jyb. world/gjsx/201102/t20110201.html.

③ 赵萱.应然理性:上海基础教育国际化述评[J].基础教育,2012,01：26 - 34.

（一）具有教育对外开放理念和国际视野

在教育对外开放发展战略中，人们应注重观念更新和制度借鉴，把学校、课程和个人的发展放到国际参照系中进行比较和检验，站在整个人类的高度看待教育的功能、价值和作用，用国际性的眼光来分析、判断和决策教育改革与发展中的问题。大胆借鉴世界各国成功的教育理论、先进的管理制度和国际教育惯例，使教育与国际政治和全球经济相互合作，彼此协调进而共同发展。教育对外开放理念包括全球观念、开放观念、终身教育观、可持续发展观、创新观念以及竞争观念等。只有具有国际理念和国际视野的教师，才会在教书育人和科学研究中注重学生国际理解、国际竞争与国际合作意识的培养，注重引进国外先进教育理念、先进文化、先进科技动态的吸收和借鉴，才会主动有意识地参与国际交流与合作。

（二）能清醒保持现有教育的民族性

教育民族性，是在全球的背景下，不同国家（或地区）在日益频繁的教育国际交往过程中，维持国家教育的主体地位和教育主权，发扬本国优秀教育传统，形成具有各自特色的教育体系的现象和过程。随着教育对外开放程度的加大，在获取新思想、新观念的同时，也带来了一些糟粕。因此，在我国教育对外开放的进程中，教师在教书育人和开展国际交流与合作的过程中，不能盲目追求国际化而抛弃我国具有个性和民族特点的精髓，而要立足于本国国情和民族特点，以促进教育现代化为目标，加速教育的国际融合，对外来文化、观念进行精心的鉴别、筛选和修正，使其与本土文化相融合。采取双向交流、互补互利的原则，对国外先进的教育和管理理念认真学习和推广，使我们的教育具有全球意识，同时又深深根植于民族文化的氛围中。

（三）具有较强的中外教学、教材处理及课程评价能力

教师能根据课程标准，适当采用及筛选国外教材，采用先进的、与国际接轨的教学思想和现代化的教学方法，能在全球范围内搜集信息，对相关的国际教育观念、外国文化、历史有一定的了解，理解国际的多元文化因素对课程所产生的影响。国际化教师还应具备现代课程评价能力，能学习并借鉴国外课程的先进评价理念与手段对学生进行多元化的评价。

（四）具有较强的国际交往能力

作为学校国际交流与合作的主要参与者和实施者，教师在国际交流与合作中无疑发挥着十分重要的作用。可以说，没有教师的积极参与，教育交流与合作就无法真正实现。要具备较强的国际交往能力，教师首先要过语言关，熟练掌握并灵活运用外语进行国际交流；其次，站在全球化的高度，要有与不同国家的专家学者、学生共同学习、生活和工作的精神和能力；最后，"他山之石可以攻玉"，国外优秀的因素可以借鉴，但在交往中能保持本民族优秀的文化传统，对他国的文化能够去其糟粕、取其精华。

二、国际化师资队伍建设的主要内容

根据基础教育国际化师资队伍建设的内涵与特征，笔者认为，国际化的师资队伍建设应是坚持本土培养与海外引进相结合，要从以下四个方面建设稳定专业的教育国际化干部教师队伍。

（1）校长、教师涉外研修。支持学校的优秀校（园）长和教师参加涉外研修或挂职培训，促进他们了解和借鉴其他国家和地区先进的教育、教学、管理理念和方法，开拓国际视野，提高学校的办学能力。

（2）双语教师与高端英语教师培训。做好双语教师和高端英语教师的培训工作，壮大学校双语教师队伍的规模，扩大双语教师培训的学科覆盖范围，对学科教师外语语言能力（双语及多语）、双语教学方法研究与实践、学校双语特色建设等方面进行培训。选派部分优秀双语教师赴境外进行短期学习、观摩和交流，培育一批既具有熟练外语能力，又能够形成独特双语教学风格的双语教师。提升高端英语教师的跨文化交流与教学研讨的能力。注重具有出色外语水平的优秀学科教师的国际交往能力的培养，鼓励这些教师参与教育科研领域的国际交流与合作，发挥专业引领作用，促进其在更高层次上的专业发展。

（3）加强对外汉语教学。以对外汉语教育基地为基础，面向现有的汉语教师和有志从事汉语教学的志愿者群体，开展对外汉语教师培训工作。加强对涉外学校中汉语语言教学、中国传统文化教育以及课程建设的指导，促进外籍学生对中国传统文化的理解，扩大中国文化的对外影响力。鼓励涉外学校在其海外结对学校中开展汉语语言教学与中国传统文化传播工作。

（4）深入推进外籍教师进课堂任教。扩大参与学校的数量和范围,严格规范外籍教师引进和聘用的各项政策、规章,对于多语种教学实验学校的外语师资及外籍师资的聘用、招生政策的制定给予多方位的扶持。

三、校长、教师涉外研修

（一）研修方案设计

校长、教师涉外研修工作开展前,应制定校长、教师涉外研修项目培训方案。培训方案的培训目标应该明确,内容较完整、规范,培训课程安排与学员需求相结合,培训方式基本能符合成人的学习特色。方案应至少包括项目指导思想、总体目标、培训对象、培训时间以及项目内容。项目内容包括每个项目的培训目标、培训大纲、培训安排和培训考核等。

以浦东新区开展校长、教师涉外研修项目为例,在项目开展之前,进行了比较充分的需求调研,向学校校长、教师发放调查问卷了解需求。据此,国外培训承接机构制定了初期的培训参考方案。在参训学员名单确定后,还要针对不同的班级成员进行问卷调查,在收集到参训学员的反馈信息后,培训方与国外培训承接机构再次沟通,修改并完善涉外研修方案,并在涉外研修中得以实施。培训方案集讲座、学术沙龙、学校机构访问和文化考察于一体,使参训学员能够从多方面了解海外教育现状。

在涉外研修的实施过程中,也根据参训学员的实际需求,对执行计划做出合理的调整,所有调整均得到组织方的认可后实施。

（二）培训管理

校长、教师涉外研修项目的开展应有规范的培训管理,健全的组织架构,有序规范运行,应成立专门的项目领导小组,并根据各个子项目成立具体实施的工作小组,成员均有明确具体的分工。参加涉外研修的学员还应与教育行政部门、培训部门、所在学校签订培训责任书,规定学习期间的权利与义务。

培训过程中,应通过电子邮件、短信、网络平台等多种形式,与每位学员及时沟通,传递培训每个阶段的信息与资料,促进项目的顺利实施。每位参训学员在涉外研修过程中,应建立个人学习过程档案袋。培训管理人员做好考勤记录,填写好培训日志(各班培训日志和一日活动日志)。各班的培训日志通常包括以下内容:项目名称、项目时间、项目经理、报告部门、学员人数、学员名单、活动起讫时间、活动地点、活动主要内容、外方接待单位、接待人员姓名等。一日活动日志记录培训日程、时间、地点、活动内容、活动流程、出勤情况、学员反馈、培训反思等。

在培训班级管理上,应制定班级管理规则,供全体赴境外研修学员遵守执行。班级管理规范主要包括团队管理和研修与生活管理两个方面。

团队管理主要是成立临时班集体。班级领导成员由领队、临时支部委员、各组组长组成,对校长、教师在境外研修期间的团队活动、业务进修及生活安排等方面负责。规定每位学员在境外研修期间应自觉遵守团队规则,相互尊重、相互配合、维护团结,绝不做有损国家形象或国家利益的事情。外出活动时必须集体行动,遵守所在国家的法律法规,增强自我安全保护意识和防范能力,守时、守约,一切行动听从指挥。

研修与生活管理主要规定学员认真参加研修活动,服从研修方的安排,努力学习;尊重研修方教师,专心听讲,要勤于思考,乐于交流,提高研修效益。此外,在与外国友人交往中,应做到热情大方、不卑不亢,尊重对方的风俗习惯和礼仪礼节。外出活动时要注意基本的行为规范,集体活动时,礼貌谦让、有序排队等。

(三) 培训过程与内容

培训一般可以分为三个阶段。

第一阶段是外出前的境内培训。培训内容一为语言培训,包括语言测试与培训两个部分;二为预备知识培训,内容包括境外学习和生活注意事项、外出纪律及参访国(地区)的政治、经济、文化、教育状况及风土人情等,以参访国及地区的教育发展与改革状况及参访学校概况为主,并对个人外出学习计划进行讨论沟通。

第二阶段是境外培训。培训内容通常包括参访国教育历史与政策、学校课程建设、特色学校建设、学校发展规划、未来学校建设、教学模式、教学质量监控体系、课堂观察技术、校长角色、教师专业发展、教师评价与绩效管理、学校安全问题、学生管理、学校信息技术的应用等。培训方式一般有讲座、研讨、学术沙龙;学校考察(含学校参观、文件查阅、校长报告、听课与评课、部门交流、学生交流、活动观摩);本地区其他教育机构(如师范大学、教育资源中心等)或特色学校

（信息技术特色校、女子学校等）考察；文化考察。境外培训阶段中，作为参访国学校的影子校长或影子教师，挂职体验非常有价值。通过对基地学校管理者的贴身学习，对学校管理事务的近距离观摩，与学校管理者及教师的深度访谈，掌握该校的日常管理制度和运作机制，了解并领悟管理层的先进管理措施、方法和经验，融会贯通，为己所用。

第三阶段是回国后的总结与反思。学员回国后，可以采取学员专题汇报、研讨交流等形式在学校发展规划、未来学校建设、学校课程建设、校长角色、教师专业发展等方面开展学习。

在实践中，出国前的培训帮助学员建立问题意识非常重要。浦东新区在实施境外研修项目时，在行前培训阶段，培训师设计了行动计划（Action Plan）学习模块，包括行动话题、行动目标、行动内容、预测问题、行动程序，帮助参训学员在学习过程中建立预设问题的意识。每位参训学员在出行前，依据自身管理或教学现状以及行前学习情况完成个人行动计划的撰写。例如，理科教师班某位学员的行动计划：

行动话题：如何设置、组织和管理课堂活动。

行动目标：①能够研究出一些受学生欢迎的课堂活动；②通过未来不断的教学实践积累组织和管理课堂活动的经验。

行动内容：①学习美国教师如何设置、组织和管理课堂活动以激发学生的学习兴趣；②增进学生对数学概念的理解。

预测问题：①多数学生都觉得高中数学难学，有什么办法可以让他们感觉容易呢？也许设置操作类的活动会有所帮助；②数学主要是依靠动脑思维来学习的学科，且高中生又比小学和初中学生成熟不少，要设置什么样的活动才能引起学生的兴趣并真正对他们的学习有帮助呢？

行动程序：①出国前阅读相关理论书籍并反思和整理自己曾经进行过的课堂活动；②通过课堂观察及与美国教师的交流，了解和学习他们对课堂活动的想法和做法；③通过不断的教学实践积累经验、收集素材，最后写出研究报告。

可以说，帮助学员建立问题意识是涉外培训成功的重要基础。此外，涉外研修的开展应十分注意内容的选择。内容应至少涵盖学校课程建设、教学模式、教师专业发展、教师评价、学生管理、信息与技术运用等方面。

通过前沿的追踪、详实的素材、生动的表达以及理论与实践相结合的方式开展专题报告,可以开阔参训学员的视野,激起他们思想的碰撞。例如,浦东新区开展的未来教育家涉外研修项目涵盖了美国教育的 34 个专题报告:①美国教育简史和美国教育的公共组织;②美国初中 vs 高中;③教育标准;④教育公平;⑤教学领导者的课程与评估;⑥校长/教师资格认证/评估,聘用程序与专业发展;⑦领导力的重新思考和学校改善;⑧美国教育法;⑨主要协议,沟通过程与教师工会;⑩校园安全;⑪社会责任与课程;⑫最佳实践和同步网络教学的优势;⑬头脑理论,指挥与学习风格;⑭母语非英文的学习者的背景和信息;⑮陶森大学:专业发展学校;⑯美国初等教育;⑰学校的价值、使命、愿景和目标;⑱领导力;⑲学生服务;⑳家庭教育;㉑教育领导者的监管;㉒美国公立学校财政;㉓美国多元文化教育;㉔美国资优生教育;㉕亚洲文化对美国教育的影响;㉖教育创新实验室;㉗学校与社区;㉘美国的城市教育;㉙行动研究;㉚变革型领导力;㉛学校文化与改变;㉜卓越计划;㉝中小学教育法案(美国教育部);㉞美国中小学公立教育简介。

(四) 培训考核

考核采取过程评价、成果评价和跟踪评价相结合的方式进行。

过程评价可由涉外研修对象、涉外研修团队和涉外研修基地共同完成。建立涉外研修人员档案袋,真实记录涉外研修过程中的学习情况、研究过程和团队交流情况;涉外研修基地负责记录涉外研修人员的学习态度和参与情况。

成果评价由涉外研修专家委员会鉴定。涉外研修对象在涉外研修结束后需撰写研究报告;涉外研修团队在区内同行间开设报告会,团队内每位涉外研修学员作专题报告。

在涉外研修对象回到工作岗位后,对其进行为期半年的跟踪,评测涉外研修取得的实效。涉外研修项目运作完毕,应由第三方评估机构进行项目终结性评估。

总之,涉外研修活动的开展,应对从方案的设计到实施到评估的整个过程做整体思考,并注意以下几个环节:

一是在培训方案制定时,对国外的培训资源和参训学员的需求应该有更深入的了解,以使计划更贴近培训实际。例如,课程设置所涉及的领域可以更宽泛一些,因为教育绝非仅是教育本身的问题;讲座的内容需要精选,涉及的理论面不宜太广,但要深,案例要具体;访学的形式可以是先面后点,深入一些;涉外研修的时间短暂而珍贵,专家报告和理论学习可以在国内学习的,不必在国外期间开设;专家的报告应有针对性,增加学员互动项目;不一定要走访很多学校,同类学校有重点地选择,但每一所学校待的时间可以长一些,增加课堂教学听课与探讨交流的机会,让研修老师们完整地了解学生和老师在校一天的学习和工作情况;增加文化考察活动,侧面了解社区教育信息等。

二是重视对培训总结与反馈的及时性,以提高和巩固培训成效。对培训效果的检核和验证需要加强实证性研究,手段还应更加丰富。对学员运用培训知识解决实际问题,不能仅凭学员主观的总结材料,应有其他印证材料如访谈记录、照片、视频等,应重在考察学员接受培训后,教学行为和管理行为所发生的变化以及由此产生的效益。

三是应加强对比性研究,注重培训前期基础性资料以及培训后的跟踪调研资料的积累和对照。深入课堂听课,观察学员培训前后教学行为和管理行为的变化程度及效果。

四、聘请外籍教师到课堂任教

语言和文化是密不可分的。语言不仅仅是一套符号系统,人们的言语表达形式更要受语言赖以存在的社会和团体的习俗、生活方式、行为方式、价值观念、思维方式、宗教信仰、民族心理和性格等因素的影响和制约。因此,学习任何一门外语,不仅要掌握其语音、语法、词汇和习语,而且还要了解使用该语言的人如何看待事物、如何观察世界,要了解他们如何用他们的语言来反映自己的思想、习惯和行为。在跨文化的交往中,如果只局限以自己母语文化中所形成的各种思维方式、行为方式、人生观和世界观去跟外国人交往,必然会由于文化观念的不同而在某个话题或问题上产生冲突和矛盾。目前,我国大多数英语学习者在学习和使用英语的过程中,缺少在真实语境里与以英语为母语的人互动的机会,只能"在书本上学,在人造环境中用",难免会出现中国式的英语。为了将地道的语言和文化传播给学生,让他们学习到纯正的英语,聘请外籍教师承担英语教学任务成为提高学校英语教学质量的一项重要举措。

外籍教师指应聘在各级各类学校及其他教育机构中工作的外国专家。随着我国教育对外开放的步伐不断加快,外籍教师的引进与聘用越来越多,仅以国家外国专家局公布的聘请外国文教专家资格单位的数量为例,2008 年全国具有聘请外国文教专家资格单位共 5 751 家,2011 年达到 6 308 家,2013 年增长到 7 376 家,2014 达到了 8 073 家,呈快速增长趋势,外籍教师逐渐在我国各级学校的教学中扮演着越来越重要的角色。[①] 为健全外籍教师管理法律制度,加强外籍教师管理,2020 年 7 月,教育部制定《外籍教师聘任和管理办法(征求意见稿)》,面向社会公开征求意见。根据该办法,在管理体制上,国务院教育行政部门负责教育机构聘用外籍教师的统筹监管;国务院外交、科技、公安、移民等行政部门按照职责分工,负责外籍教师的签证、来华工作许可、入境和居留许可等管理工作。地方人民政府教育行政部门负责本行政区域内教育机构聘用外籍教师的监督管理;地方人民政府外事部门、科学技术行政部门、公安机关及其他相关部门按照职责分工负责本行政区域内外籍教师的有关管理工作。

浦东新区是上海最大的行政区域之一,也是在沪常住外国人口最多的区域之一。在外籍教师引进方面,从 2006 年起,浦东新区率先在新区中小学开展以聘请外籍教师进课堂为载体的英语教学改革,受到学校、家长和学生的欢迎,积累了丰富的中外合作教育教学经验,成为浦东新区教育对外开放的一大亮点。2014 年,在浦东新区执教的外籍教师共有 1 300 多名,其中,在外籍人员子女学校执教的有 1 100 名,在 16 家有聘请外国专家单位资格认可证书学校执教的有260 名。部分学校还聘请了外籍教师开展德语、法语等小语种教学。采取新的管理制度后,2019 年,在浦东新区执教的外籍教师增长到 580 多名(不含外籍人员子女学校)。

外籍教师的引进,给学校带来了国外的教学方法,丰富了学生的课堂视野,对学生的成长起着不容忽视的作用,促进了浦东新区教育事业的整体发展。但是,从上海市浦东新区来看,外籍教师引进还存在一些现实问题,主要表现在以下四个方面:

一是部分学校聘用外籍教师不规范,有的学校由于聘用的外籍教师手续证件不齐全而受到有关部门的处罚,相当比例的外籍教师没有经过试讲就被录用。[②]

---

① 中华人民共和国国家外国专家局. [2020 - 12 - 21]http://zfxxgk.safea.gov.cn/.
② 陈艳梅.中学外籍英语教师聘用管理研究——以成都三所中学为例[D].重庆师范大学,2011.

二是引进后，学校普遍与外籍教师签订合同，但合同内容并不具体，更多是依靠外籍教师的自觉性。有的学校和外教出现矛盾不能得到及时解决和沟通，导致外籍教师不满。

三是多数学生比较欣赏外籍英语教师的教学热诚，师生关系良好，但在引发学生学习英语的兴趣，做出正确的指导，乃至维持课堂秩序方面，认为外籍教师课堂效果好的只有不到一半。[①]

四是外籍教师能指导学生练习英语会话及阅读英文书籍，但外籍教师在课堂秩序管理方面缺乏效能，也未能为校内其他同事提供有关英语教学的信息，未能向教研组提供教学上的支持。

诸如此类的问题给学校的管理带来很多困扰。加强对外籍教师的管理已成为当前学校管理中的重要议题。

针对外籍教师聘用与管理中的问题，笔者认为，应从区域教育行政管理整体层面，对外籍教师的聘用、任用、评估等环节进行政策设计，建立外籍教师进课堂任教的整体质量保障体系，保障区域外籍教师进课堂任教工作的整体效益的提升。

（一）外籍教师的聘用

聘用是关系外籍教师进课堂任教质量的关键环节，在政策设计上应把握好以下五个方面：

（1）聘用途径。按照聘用规定，外籍人员从事外籍教师工作的，应当办理符合要求的居留证件，获得批准并按规定进行外籍教师备案后，方可开展教学活动。教育机构聘任外籍教师，应当确定拟聘任的外籍人员具有担任外籍教师的专业资质和相应条件。拟聘任外籍教师的教育机构应当向省级人民政府科学技术行政部门或者其授权的行政部门申请外国人来华工作许可。教育机构应当为外籍教师备案。

（2）外籍教师资质要求。按照国家政策要求，外籍教师须取得相应的任教资格证书及其他证件，递交证明材料给任教学校审核。学校也可根据教学需要，要求外籍教师提交与教学相关的其他证件、证明材料。外籍教师须承诺在本国及境外无犯罪记录，承诺严格遵守中国的法律法规。学校应对外籍教师的工作

---

① 王漪.上海普陀区中小学外籍教师职责履行情况调查及管理策略研究[D].华东师范大学,2007.

履历等基本情况认真审核。从事语言类教学的外籍教师,原则上母语应为所任教语言。

(3)协议签订。学校直接聘请的外籍教师,学校应当与聘任的外籍教师签订书面合同。合同内容应当包括但不限于:外籍教师的工作任务、工作地点、岗位职责、聘任期限、双方的权利与义务、考核办法、争议解决机制以及违约责任等。此外,还应根据学校实际情况与要求,与外籍教师签订附加合同,对试用期、教学内容、教学研讨、工作纪律等进行设定。

(4)与外籍教师派出单位的关系。由于国家对外籍教师的管理有较高的要求,学校聘请专职外籍教师后,必须由专人负责外籍教师的管理与服务,管理成本较高。因此,越来越多的学校在取得外籍教师聘用资质后,选择与其他具有聘请外国文教专家资格单位合作,采用购买服务的形式,请其他社会教育组织派遣外籍教师进入学校兼职教学。这样,学校只要管理外籍教师在校的教育教学部分的事项,除此之外的外籍教师的管理则由合作单位完成,这样就能为学校减轻大量的管理负担。经聘任机构同意,外籍教师可以在其他教育机构合理兼职。根据政策规定,聘任机构不得向兼职教育机构收取任何费用。兼职聘任合同应当报主管教育部门备案,主管教育部门应当将名单通报公安机关出入境管理部门备案。外籍教师累计兼职授课时间不得多于在聘任机构的授课时间。

学校聘请其他社会教育组织的外籍教师到学校来兼职教学,一定要签订好合作协议,对合作单位的资质与基础、师资及课程、质量保障、项目管理等方面作出详细的规定,保障好自身权益。例如,在资质与基础方面,其他社会教育组织一定要具有法人资格,具有聘请外籍文教专家的资质等;在师资及课程方面要有符合教学资质的教师,要有符合学校要求的外教课程,双方共同开发研制的课程共同享有知识产权,在质量保障方面要接受上级教育行政部门的管理;等等。

(5)登记备案。应建立区级外籍教师备案制度,通过备案,及时了解和掌握区域外籍教师的基本情况和数据。

必须指出的是,随着信息化的发展和开放程度的加深,国家对于外籍教师的聘任政策也在不断更新与发展,学校在聘任外籍教师时一定要按照当时最新的政策法律规范操作,方可顺利完成聘任工作。

(二)外籍教师培训

按照要求,教育机构应当根据外籍教师的文化背景和岗位特点,制订外籍教师职前和职后培训计划,对初次聘任的外籍教师,应当自行组织开展或者委托具备条件的专业教育机构开展不少于 20 个学时的岗位培训,内容应当包括中国宪法、法律、国情、师德、教育方针政策和业务知识、教学能力等。

到学校任教的外籍教师必须接受上岗前培训。培训由教育主管部门组织实施,聘任学校建立并实施外籍教师岗前培训制度。培训内容除了国家规定的内容外,还应该包括中国文化、中国教育法规、教师道德规范、教学规范、学校工作纪律、学生的特点、日常衣食住行、风俗习惯等。主要包括以下三个方面:

一是准入政策方面的培训。外籍教师应遵守区域教育主管部门的准入规定,遵守学校的工作制度,按照合同要求接受学校的工作安排,接受学校考勤制度管理,不得兼任与学校工作无关的劳务等。

二是教学管理方面的培训。外籍教师应使用经过审核的课程,按照各校教学计划以及学生情况进行教学,服从学校安排跟班听课或组织观摩教学,参加学校组织的各类以教学、科研为内容的业务学习和专题讨论等活动。未经学校同意,不得随意调整课程,应配合学校开展教学评估工作等。

三是生活与纪律方面的培训。主要包括外籍教师应严格遵守我国教师道德规范,遵守学校的有关规章制度,不得在教学中进行传教或宣传宗教的活动,可自愿参加学校组织的各项文娱、体育活动等。

(三) 教学内容的选定

为了更好地把握外教进课堂的课程内容质量,应对外籍教师的教学内容(教材)或合作教育机构提供的教学内容(教材)进行审核,审核通过的方能在学校实施教学。外籍教师按照学校教学计划以及学生情况进行教学。审核应由相关课程专家逐册研读教材,从教材概况、教材分类指标分析、使用建议等方面进行审核,并应突出以下三个指标:

(1) 政治性与思想性。外教执教的课程不能有悖于我国的政治制度、法律法规等,没有不良文化的渗透内容,教材课程目标与我国国家教育部和上海市教委所要求的育人导向相一致。

(2) 针对性与适用性。外教执教的课程目标应符合不同年段学生的实际需要,语言知识、语言技能要求符合学生年龄、心理特征,教材内容的表现形式符合学生的认知规律,具有时代气息。在语言能力、学习兴趣、积极主动性、合作学习的意识与习惯的培养、拓展视野、培养人文素质和爱心、提高修养和品位等方面,应符合上海学生实际需要,教材的编写应遵循语言教学规律和学生认知发展规律,注重兴趣激发、语境创设、循序渐进,运用激励性,符合学生认知规律;教材编写体系应严谨科学性,涉及的语言知识和技能应与上海市相关学科课程标准的内容相符。

(3)科学性与兴趣性。外教执教的教材应能做到结构合理,内容难易适度,循序渐进,注重运用。教材应融入国际理解元素,开拓学生的国际视野,增加教材的阅读趣味性;应加入学生熟悉的信息化元素,如网络的使用、网络游戏的讨论、维基百科的运用等,贴近学生学习,弥补基础性课程的不足,重视学生批判性思维能力的培养;教材语言应既严谨地道,又不乏风趣幽默,努力体现以学生为中心(主体)的理念;从内容选择、结构体例安排到教学方法建议,尽量为学生着想,以课本、练习册、教参和音频组成的教材核心模块,和以投影片、交互式视频和教学挂图组成的教材辅助模块,主次搭配,文字图片和音像材料兼有,体现教材配套资料的系列化、多元化和模块化特点。

(四)教学过程管理

教学过程是外籍教师效益发挥的关键环节,应通过构建和完善外教教学质量评价和教学质量监控制度,建立外籍教师教学质量保障的长效机制,促进外籍教师教学质量的不断改进和提高。

(1)开展区域性教学质量跟踪检查。区域层面上,应成立专家组,聘请专家定期对外籍教师的教学过程开展质量监控与质量跟踪活动,进行外教课堂教学观察记录和反馈。

(2)开展中外教师合作教学研讨。聘请外籍教师任教后,学校应建立并实施中外教师教学研讨机制,促进中方教师教学理念、教学模式的更新,推进学校的课程教学改革。区域层面上,应建立由市、区、学校等多方教学专家参与的中外教师合作教学研讨机制,确定研究主题,制定区域中外教师合作教学研究方案,借助外教及外教资源优势,促进区域中方教师的专业发展和课程教学改革。

(3)开展外籍教师教学效果评估。学期结束或者学年结束,学校应采取访谈、学生英语学习水平测试、问卷调查、实验组与对照组比较等方式,聚焦外籍教师的教学内容、教学水平、教学技能、课堂管理、评价手段、师生关系等方面,对外籍英语教师教学效果开展评估,优化外籍教师的课堂教学行为。

（五）外籍教师任教绩效评估

应在区域层面建立并实施外籍教师进中小学课堂任教的综合绩效评估机制，研制区域外籍教师进课堂绩效评估指标体系，从制度保障、外籍教师管理、成效与特色等方面，每学年对开展外籍教师进课堂工作的学校实施整体评估，提升外籍教师进课堂的综合绩效。

此外，在管理机制上，还应建立专门的外籍教师进课堂任教工作项目组，专门指导学校开展外籍教师进课堂教学的各个环节的工作，在具体政策研制与执行、外籍教师管理、教学质量保障、绩效评估、教材审定、课程开发、教学研讨等方面提供专业支持；基层学校也设立外事专管员岗位，建立外籍教师课堂助教制度，为外籍教师进课堂任教配备助教，帮助外籍教师做好课堂沟通与管理。

完善学校外籍教师的管理是构建一所现代化管理、国际化交流、个性化发展的新型学校的需要。外籍教师的聘请和管理是学校开展引智工作的重要内容，对外教的管理要体现政策性、灵活性、参与性特点，要营造良好的工作氛围，发挥外教的积极性和创造性，增加外教的认同感和责任感，努力提高外籍教师的聘用效益。

第六章　中小学校国际化交流与合作

一、中小学校国际化交流与合作的背景

（一）政治经济与科技的发展促进了中小学校国际化交流与合作

中小学校国际化交流与合作是国际间交流、研讨和协作发展的必然需求，是中外教育交流的重要部分。随着社会政治经济与科技的进步与发展，大大促进了中小学校国际化交流与合作发展的进程。首先，全球化的兴起，对全球经济发展模式带来了巨大变革，使得基础教育必须加强国际合作，改变传统基础教育目标认知，加强基础教育社会发展功能。发达国家的教育发展给整个社会带来的效益是非常丰厚的，这使各国联合起来解决教育问题成为可能，教育也获得了在国际间交流的空间。其次，经济发展国际化交流与合作已成为事实，并随着经济全球化进程的日益加深，教育作为服务贸易中的一项重要资源，对各国的教育市场产生了挑战。如何积极地引导中小学校教育融入国际平台，则是新时期中小学校教育改革的重要议题。再次，科技的发展使得教育国际化交流与合作成为可能。现代网络技术的发展，缩短了各国交流的距离，信息技术的发展不但使世界各国的教育联系更加紧密，而且也促进了各国在知识和教育方面的联系，使得各国的教育协作成为现实，教育内容、教育方式出现了相同的趋势。

（二）各国政府的参与推动了中小学校教育走向国际交流

随着教育国际化的发展，各国政府积极调整教育政策，加强与国际教育的合作与交流，从而推动本国教育走向国际市场。首先，建立服务于国际教育合作的教育机构。随着教育市场化发展，国际性教育机构成了教育交流的重要纽带。这些教育机构在促进世界各国的教育交流与合作方面发挥着重要的作用，而建

立这些机构本身也说明了它是各国教育事业国际化发展的需要。其次,加强了教育合作的立法。有的国家在加强国际化交流与教育合作的过程中,用法律的形式强调了国际交流的重要性。例如,美国于 1966 年颁发《国际教育法》;日本于 2001 年开始大力推进学生交流,推出"海外学生十万人计划"。2004 年,美国西维吉尼亚国际教育委员会发表国际教育白皮书《全球化时代公民素养之准备》,指出中小学开展国际教育的方向旨在强化经济意识,统整国际社会与民族文化,维护国家安全;2021 年,英国发布 2021 年《国际教育战略》将恢复提升英国国际教育,指出英国政府致力于实现两个关键目标,即 2030 年将英国教育出口总额扩大到每年 350 亿英镑和国际学生增加到每年 60 万人,要实现这些目标,需要确保教育出口总额的年均增长率提高 4%,国际学生人数年均增长率约为 2%。[①] 1995 年,我国《教育法》明文规定:"国家鼓励开展教育对外交流与合作。"同时,《国家中长期教育改革与发展规划纲要(2010—2020)》明确指出:"坚持以开放促改革、促发展,开展多层次、宽领域的教育交流与合作,提高我国的教育国际化交流与合作水平。"2020 年 6 月,教育部等 8 部门《关于加快和扩大新时代教育对外开放的意见》指出:"教育对外开放是教育现代化的鲜明特征和重要推动力,要以习近平新时代中国特色社会主义思想为指导,坚持教育对外开放不动摇,主动加强同世界各国的互鉴、互容、互通,形成更全方位、更宽领域、更多层次、更加主动的教育对外开放局面。"

再次,加强了教育投入。教育投入是教育国际化交流与合作发展的必要物质保证,为了加强国际化交流与合作发展,各国对教育的投入也日益增加,各种类型的国际学校应运而生,为完善基础教育的运营机制奠定了坚实的基础。

二、中小学校国际化交流与合作的政策定位

(一) 国家有关中小学校国际化交流与合作的政策定位

为规范教育对外开放,国务院和教育部先后出台了一系列政策和法律规范,如《关于开办外籍人员子女学校的暂行管理办法》(1995 年)、《中小学接受国外学生管理暂行办法》(1999 年)、《自费出国留学中介服务管理规定》(1998 年)、

---

① http://edu.sina.com.cn/a/2021-04-01/doc-ikmyaawa3476448.shtml

《民办教育促进法》(2002 年)、《中外合作办学条例》(2003 年)、《中外合作办学条例实施办法》(2004 年)、《在外国设立中小学孔子课堂管理办法》(2009 年)等。进入新时代后,国家不断加强对教育部门中外交流合作的开放力度,相继颁布了一系列政策和法律规范,如 2016 年 4 月,中共中央办公厅、国务院办公厅印发《关于做好新时期教育对外开放工作的若干意见》;2016 年 7 月,教育部印发了《〈推进共建"一带一路"教育行动〉的通知》;2020 年 6 月,教育部等 8 部门颁布了《关于加快和扩大新时代教育对外开放的意见》。《关于做好新时期教育对外开放工作的若干意见》对新时代中小学校国际化交流合作做出了全局性的规定。其中做好新时期教育对外开放工作的一个重点是丰富中外人文交流,促进民心相通:要通过整合搭建政府间教育高层磋商、教育领域专业人士务实合作、教师学生友好往来平台,完善中外人文交流机制相关制度,打造一批中外人文交流品牌项目,积极开展国际理解教育,加强人文交流机制建设;通过把讲好中国故事、传播好中国声音作为教育对外开放的重要内容。《〈推进共建"一带一路"教育行动〉的通知》指出合作重点之一是推进沿线国家民心相通。逐步将理解教育课程、丝路文化遗产保护纳入沿线各国中小学教育课程体系,加强青少年对不同国家文化的理解;加强"丝绸之路"青少年交流,注重利用社会实践和志愿服务、文化体验、体育竞赛、创新创业活动和新媒体社交等途径,增进不同国家青少年对其他国家文化的理解。《关于加快和扩大新时代教育对外开放的意见》指出,在基础教育领域要提高基础教育对外开放水平,培养德智体美劳全面发展且具有国际视野的新时代青少年。

(二) 各地方中小学校国际化交流与合作的政策定位与实践活动

为落实国家级的涉外教育政策法规和《国家教育规划纲要》,各地方也结合本地区实际情况出台了有关文件,如北京出台了《北京市教育委员会关于印发北京市教育机构聘用外籍教师工作的若干规定的通知》(1997 年)、《北京市教育委员会关于幼儿园、中小学接收来京投资、创业人员子女借读若干规定的通知》(2003 年)、《北京市中小学接受外国学生管理工作若干规定》(2000 年)、《北京市中长期教育改革和发展规划纲要(2010—2020 年)》、《北京市外籍人员子女学校管理办法(试行)》(2017 年)、《首都教育现代化 2035》(2019 年)、《教育领域开放改革三年行动计划》(2019 年)、《北京市外籍人员子女学校管理办法(修订)》(2020 年)等。

　　各地方制定的教育事业五年发展规划和年度工作计划中,一般也涉及中小学国际交流与合作的内容,如《杭州市教育事业发展"十三五"规划(2016—2020年)》中对教育国际化提出了具体要求,指出要"加强城市国际化与教育国际化的有机互动,积极推进教育对外开放,全面提升教育国际化水平"。2019 年 2 月,杭州市人民政府办公厅下发《杭州市推进教育国际化三年行动计划(2019—2021年)》,明确了今后几年推进教育国际化的年度目标,部署了各项推进工作。①

　　各地方根据国家法律法规和教育规划,积极开展中小学校国际化交流与合作实践活动。苏州市认真贯彻"广开渠道,促进交流,突出重点,务求实效"的交流工作方针,开展多层次、多形式的中外教育交流,学习和借鉴国外教育的有益经验;充分利用已有的 59 个国际友好城市这一平台,将城市交流深入到教育领域,与 30 多个国家和地区的 400 多所学校结成友好学校,形成了比较稳定的交流关系,每年有 2 万多名学生参加接待海外来访团组次,参加出国修学旅行活动总数超过 1 万人。苏州大学承办国家项目举办老挝苏州大学。2013 年在全省率先成立"苏州市汉语国际推广中心"。在苏州外国学生的汉语课程覆盖率达到100%,每年在境内外参与汉语或汉文化学习的外国学生近 1 万名。2015 年成功举办首届中国-东盟职业教育校长高峰会,签订合作协议 70 多份。②

　　成都市武侯区以国际友好学校双向互动为"线",截至 2015 年,武侯区与英国韦克菲尔德区、加拿大不列颠哥伦比亚省列治文学区、加拿大英属哥伦比亚省阿伯茨福学区、美国俄勒冈州纽伯格学区、美国迈阿密教育公署等建立合作关系,56 所学校与境外 73 所学校成为友好学校。③ 以武侯区的棕北中学为例,这所学校是四川省 4 所"汉语国际推广中学实习基地学校"之一,同时还是四川省首批国际文化交流组织项目学校(AFS)。这所学校近年开展了丰富的 AFS 文化交流活动,被授予全国 AFS 项目学校铜牌和项目突出贡献奖,2018 年成为首批"成都市教育国际化窗口学校",学校先后接待了来自于意大利、加拿大、美国

① 杭州市人民政府办公厅.杭州市人民政府办公厅关于印发杭州市推进教育国际化三年行动计划(2019—2021 年)的通知[EB/OL].(2019 - 03 - 13)[2020 - 12 - 21]http://www. hangzhou. gov. cn/art/2019/3/13/art_1510980_17608. html.

② 苏州市教育局.苏州市教育事业第十三个五年发展规划[EB/OL].(2017 - 02 - 04)[2020 - 12 - 21]http://jyj. suzhou. gov. cn/szjyj/fzgh/201702/6a5fd3670f544d559cac858898e5a596. shtml.

③ 成都市武侯区教育局.成都市武侯区教育事业发展第十三个五年发展规划(2016—2020 年)[EB/OL].(2017 - 09 - 11)[2020 - 12 - 21]http://gk. chengdu. gov. cn/govInfoPub/detail. action? id =1753480&tn=2.

等多个国家的大量短期交流项目学生,到校学习一个月的汉语。龙江路小学等学校还着手准备在美国开设"孔子课堂"。此外,武侯区还以师生广泛参与为"点",借助国际友好学校交流平台,深化国际理解课程体系建设,启动"中美教育论坛",开展"中英校级连线""中美千校携手""中澳之桥"项目,近万名师生参与"中英校际连线"等项目。

深圳市宝安区加快推进教育国际化,助力粤港澳大湾区打造教育和人才高地。教育国际交流与合作方面,缔结姐妹学校数不断增加,已有44所公办学校(含职校)缔结姐妹学校,全区公办学校缔结率达到50%;注重加强与"一带一路"沿线国家和地区的人文交流,区内学校已与4个"一带一路"沿线国家的10所学校建立友好学校关系。课程方面,已有11所学校引进来自美国、德国、加拿大等发达国家的成熟国际课程,开展国际合作办学,并注重结合国情、区情、校情,将引进课程本土化,多所学校形成了独具特色的国际课程体系。此外,区内一些学校还开展了形式多样的国际理解课程和活动,包括融入语言类课程、融入学科教学、开发校本课程、开展特色活动等。①

云南省教育对外开放工作在"走出去"和"引进来"上双向发力,充分发挥区域优势,以南亚东南亚国家为重点开展教育交流与合作,与缅甸、老挝、越南、泰国、柬埔寨、孟加拉国、斯里兰卡、印度、尼泊尔等世界60多个国家和地区的4 000多所学校和教育机构建立双边和多边交流机制,不断拓宽国际交流合作。2016年以来共派出各类留学人员1 882人,同时,实施滇西边境山区中学英语教师和教改出国留学项目,为滇西59个贫困县培养了700多名教师、校长。②

近年来上海市中小学校国际化交流与合作活动数量增长明显,并呈现出持续不断和愈加深入的态势。以复旦附中为例,该校在全世界建立了20多所姐妹学校,每年有近180位学生通过一年期或2—3周的海外高中随班学习以及学生论坛或协作项目研究等方式进行交流学习,每年接待近500位海外学校师生来访交流。2018年,学校共有144人次出访,接待来访500人次。

上海市第三女子中学在30年间先后与9个国家和地区的16所学校建立了

① 宝安区教育局.宝安教育国际化行动计划(2020—2025年)(征求意见稿)[EB/OL].(2020 - 12 - 09)[2020 - 12 - 21]http://www.baoan.gov.cn/hdjlpt/yjzj/answer/8715.

② 云南省人民政府.周荣:云南教育对外开放"双向发力"成果丰硕[EB/OL].(2019 - 09 - 26)[2020 - 12 - 21]http://www.yn.gov.cn/zwgk/zcjd/dwjd/201909/t20190926_182791.html.

友好交流关系,每年学校都接待近 20 批来访团体,并有近 50 位左右的学生出访国外友好学校,进行短期的交流学习。

浦东新区国际教育交流合作不断趋于常态化,新区教育的国际影响力不断提高。目前约 50 余所学校分别与美国、英国、澳大利亚、芬兰、日本、韩国、德国、法国、加拿大、新加坡等国的中小学建立友好结对,并开展了常规实质性交流活动,区域层面的国际友好学校发展形成规模。浦东新区部分学校与发达国家的学校分别达成了师资交换、学生交流、课堂教研和教育管理等多方面合作。同时,部分学校大力推进汉语国际教育,成立汉语国际教育中心、建立海外孔子课堂等,为满足汉语国际教育的需要提供了较充足的资源,这都为中外交流、和谐共建起到较大的促进作用。

三、中小学校国际化交流与合作的定位与方式

随着教育国际化程度的深入,学校的国际间交流与合作日益频繁,因此学校在开展国际间交流与合作时,应有前期的整体设计,做到国际交流工作目标明确、规划科学、措施有效,也就能够避免定位不明、急于跟风、重形式而轻实质的表面化和片面化的国际交流与合作现象。为解决"单向引进、缺少输出"的问题,中小学应持续努力增强自身的办学实力和办学特色,提升管理人员和师生的国际交流能力,使他们在国际交流中既能学习别人的长处,也时刻准备向国外同行或同伴展示自己的见解和强项。教育行政主管部门也应该鼓励有条件的优质学校到海外办学,至少是积极参与汉语国际推广工作,与国外学校合作开办孔子课堂。中小学在国际交流与合作方面的追求应该是教育理念与成果的引进和输出达到动态平衡,国际交流真正成为双向学习与借鉴的活动。

(一) 中小学校国际化交流与合作定位

学校根据自身传统、学生来源与师资结构的不同而确定自己的发展定位,形成自己的办学特色,即学校工作的某一个方面特别优于其他方面,也特别优于其他学校的独特品质。而学校的办学特色需要在发展定位明确的基础上,经过长期的积累和传承才能形成。国际交流与合作应该有利于学校特色形成,并立足于学校的长远发展。同时,学校结合本校师生的实际和学校发展定位,从学校管理水平提升、教师专业发展需要、学生国际素养的培养和课程国际化程度的加深

四个方面科学规划学校的国际交流合作工作,有选择地开展国际交流与合作,将之纳入学校发展的主线,为我所用,与学校开设的课程、拓展的教育主题相呼应与整合,使全体教师和学生都主动自觉地参与到国际交流与合作中来,集体讨论、设计和实施,从而提升学校整体的管理、教学和研究能力,并最终实现学校培养国际化人才的办学目标。

以上海市协和双语学校国际化办学为例,该校是一所设有国内部和国际部的九年一贯制学校。建校之初,学校确立了国际化办学的基本思路,融合中西方优秀文化,为学生提供多元化课程选择。学校的培养目标为:培养未来的"世界公民",即健全学生道德人格,使其具备社会责任感;具有国际视野与胸怀;学科基础扎实且勇于探究和创新;具有中英文双语能力、交往能力、解决问题的能力及终身学习的能力。学校为了满足来自不同背景学生的需求,使其凭借在协和所受的教育,能在各自的生活环境和文化背景中游刃有余地工作和生活,矢志不渝地寻求一种融合东西方文化精粹的教育模式。学校通过国际国内两部共存、中外校长共同管理、中外教师合作办学、中外学生有效互动、中外课程优势互补来实现学校中西文化的融合与荟萃。

1. 提供多元课程选择

在课程方面,尊重不同文化背景和教育需求是课程设置的前提,多元的课程体系与通道则是国际化学校的内核。学校国际部以提供与世界接轨的国际课程为主,引入语文、数学等中国优势的学科课程;国内部以国家课程为主,引入国际课程的主题课程模块。国际部课程包括小学课程(PYP)和英国国际小学课程(ICE)。在国内部、国际部基本课程设置的基础上,学校尝试共享国际部、国内部的课程资源,为学生提供更多元、宽广的课程选择。国内部除了中英文课程外,在音乐、美术、科学、综合主题探索、体育等课程中实践双语教学。国际部实际上是国际学校的特殊形式,专为外籍学生设立的相对独立的教学管理部门。面对来自世界各地的生源,国际部的课程设置必须与校本部有很大区别,它们必然要引进国际课程,与世界主流教育衔接。

最近几年,部分学校聚焦课程研究开设校本教材,如上海福山外国语小学,从2002年开始"小学国际理解教育"的课题研究,经过多年研究与实践,形成了具有学校特色的国际理解教育课程,构架起特设课程、主题活动、学科渗透三大支柱,让学生了解多元文化、全球问题等国际背景知识,在探究与体验的基础上,初步培养学生运用国际交流语言的能力、全球视野和国际交往等方面的能力,培育学生国际素养与中国意识。《国际理解教育小学生读本》是学校专门为每周一节的特设课程开发的校本教材,共有 5 册,精选了中华传统文化知识、国际知识和全球重大问题等内容,根据学生认知特点分年级加以组合,成为可接受的教学内容,使学生初步认识世界,培养"世界公民"的素养和责任感。

2. 中外校长共治,智慧与制度融合并行

引进国际课程,有意识地研究发达国家主流教育体系,融合中西方教育优势,走出了向中小学校教育国际化发展中西融合境界奋进的重要一步。上海市教委有关专家将中小学校教育国际化分为交流、理解、融合、主导四个阶段,认为融合阶段包括学生的融合,即中外学生在同一个班级上课,还包括课程的融合,课程内容和教学形态适应国际人才需求。融合是一种办学思想,这种思想已经在一些有跨文化背景的办学者心中萌生;融合是一种发展趋势,这种趋势已经在一些有全球视角的办学者实践中初见端倪。尤其是上海一些生源国籍多元、办学模式灵活的民办学校,在实现中外学生融合、中西教育优势互补、东西方文化合璧上作了很多开创性的尝试。在协和双语学校,学校实行中外校长共同管理,即设置一名外籍校长,按照国际学校的各种制度管理国际部事务,而同时也设置一名中方校长,主要管理国内部事务。涉及两部共同的事务,例如图书馆、后勤、招生等工作,或全校性的活动,例如中西方的节庆活动、外出郊游、运动会等,中外校长将共同讨论,共同决策,统一执行。为促进共同管理,学校设立了中外校长例会制度,在例会上,凡是涉及学生、教师、学校的重大利益的事情,中外校长团队都有权利和责任提出来,大家共同讨论,协调两方利益与资源,共同制订解决方案。这不仅有利于统一学校的管理思想,更是中外文化融合制度层面的体现。目前,学校已经形成了独特的管理文化特色,例如制度文本化、操作化等,保证了学校的良性高效运作。学校实施中外教师合作教学,中外学生共享所有的学校资源,每学期一起参加运动会、艺术节,每月一起进行升旗仪式,每天一起吃饭、嬉戏、上选修课。中西两种课程体系各有所长,协和在课程设置中作了两方面的探索:一是在分科教学中积极寻找跨学科教学主题,引领学生对学科知识的学习;二是引进国际课程,设置综合主题教学,着力培养学生的探究学习能力。

(二) 中小学国际交流与合作的基本方式

在学校办学实践中,中小学国际交流与合作的模式丰富多彩,主要包括人员交流互访、合作办学、远程互动与资源共享三种基本模式。

1. 人员交流互访

中小学国际交流与合作的最基本的模式就是各国教育工作者和学生之间的人员交流互访。中小学通过与国外学校建立校际友好关系,或参加教育行政部门、国际组织、非政府组织主导的各类交流活动,组织本校管理人员、教师和学生到国外短期交流访问或参加培训,同时也接待国外教育行政官员、校长、教师和学生来访。近年来我国人员交流互访人数增长明显,并呈现持续不断和愈加深入的态势。总体上看,目前我国的人员交流互访一般在管理人员、教师和学生三个层面展开。

（1）学校管理人员的交流互访。学校管理人员的交流互访是指学校管理人员到国外友好学校访问交流、短期挂职锻炼,参加省市或区县教育行政部门组织的短期出国考察、培训和国际会议等。同时,中方学校也应该接待国外同行来访,甚至聘任外籍专业人员参与学校日常管理工作。

（2）教师的交流互访。教师的交流互访是指教师参加中外友好学校间或政府间开展的教师互换活动,到国外学校短期工作或进修,或者参加省市及区县教育行政部门组织的短期出国培训和国际会议等。同时,中方学校也应接待国外友好学校的教师来访、任教、进修、开展教学研究等。很多具备聘任外籍教师资格的学校还常年聘用外教教授外语或相关学科课程。

（3）学生的交流互访。学生的交流互访是指学生参加中外友好学校间、政府间、国际组织或非政府组织开展的各种交流活动,如到国外友好学校访问和随班学习,参加冬(夏)令营活动,参加国际竞赛和文艺巡演等。同时,中方学校也应接待国外友好学校的学生来访和短期学习,获得接收外国学生资格的学校还可以接收外籍学生,让他们与本校学生同班就读。

近年来,学生的交流互访主要采取以下三种形式:

① 游学。中小学生出国参加夏(冬)令营等有关活动系指在寒、暑假期间有组织地组织在校中小学生以团体形式出国参加夏(冬)令营、校园考察、文化体验、语言培训等交流活动。组织中小学生参加出国夏(冬)令营等有关活动的主办单位应是中小学校、教育行政部门所属的对外教育交流机构或者共青团、少先队与妇联组织,可以委托国家旅游局许可经营出境旅游业务的旅行社承办。凡涉及与国际(或目的国)非政府组织开展交流的,应向上级外事主管部门请示报批和备案。对于由学校举办的出国夏令营项目,市教委有严格的审批制度。组织中小学生出国夏(冬)令营等有关活动不得以营利为目的。出国夏令营项目要

先报区、县教育主管部门审批通过才能招生，而跨省（市）组织夏令营原则上不被允许。

②学生海外学习与实习。学生海外学习实习一般是由政府或者学校资助的一定比例的在校生赴海外友好学校或机构学习国际合作与交流形式，目的是让更多优秀学生获得拓展国际视野的机会，提升学生的国际交往和竞争能力。

③交换生项目。主要目的是加强全球不同国家之间的交流，增进国家间的了解、文化沟通和学术交流，促进各国之间的友好往来。截至目前，每年世界各地有60多个国家和地区的学生参加交换项目，相互交换学生。学生可以通过交换生项目拓宽眼界及知识面，培养自己的发散性思维和创造力，了解国外教育特点，提高外语水平并练就地道的口语，这些能够使学生进入大学后较其他同学更多面，个性突出，在竞争中处于优势地位。

2. 合作办学

合作办学就是开发和组织中外合作办学项目，一般有两种形式：一是输入，引进国外的课程体系和教育资源，举办面向国内学生的中外合作办学项目；二是输出，利用国内的课程体系和教育资源，在海外举办中外合作办学项目。

（1）输入型合作办学。公立学校一般在高中阶段才被允许与国外教育机构合作开展面向国内学生的中外合作办学项目，而且要经过省级教育行政主管部门的批准。近年来，各地优质公立高中纷纷与国外知名中学合作，开展中外合作办学项目。这些中外合作办学项目在学校管理体制、人才培养的理念、课程设置、教学手段、师资等方面进行了大胆探索。以北京市潞河中学为例，该校成立了"北京潞河国际教育学园"，分别与英国柴郡姆中学合作开设中英高中实验课程、与美国圣路易斯普拉瑞中学合作开设中美高中实验课程。中英高中实验课程以中国高中课程和英语剑桥高中课程为主，中美高中实验课程以中国高中和美国高中主干课程以及美国AP课程的结合体作为教学主体，同时和美国SAT培训机构合作，提供美国大学入学所需要的托福和SAT考试培训课程。学生在高二至高三级参加国家规定的会考课程的学习且考试合格后获得北京市普通高中毕业证书。学习中英高中课程学习的学生从高二年级开始至高三年级结束参加剑桥高中课程的学习，考试成绩合格的学生，将获得由剑桥大学国际考试委员会颁发的大学预科证书。学习中美高中实验课程的学生从高二年级开始到高三年级结束参加美国高中课程的学习,自愿参加美国 AP 课程考试,成绩合格的学生获得美国 AP 课程证书。学生在高二年级下学期开始参加雅思、托福和 SAT 考试。考试成绩合格的学生可以直接申请英美等全球 150 多个国家的 1 100 多所大学。

(2) 输出型合作办学。近年来,在不断引进、吸收和借鉴国外优质教育的同时,越来越多的学校也在努力开拓海外教育市场,力争把中国的优质教育资源输出国门。当前,中小学赴海外办学的主要方式之一就是与国外中小学合作开设孔子课堂。例如,天津实验中学与泰国岱密中学于 2004 年在泰国曼谷合作开设"中国天津实验中学泰国分校",并于 2006 年设立了全球第一家孔子课堂"泰国岱密中学孔子课堂"。截至 2017 年,我国在全球共开设 116 个孔子课堂目前,全球已有 162 国家(地区)设立了 541 所孔子学院和 1 170 个孔子课堂,为国际中文教育和中国文化推广起到了积极作用。

3. 远程互动与资源共享

信息技术革命为人与人之间的交流提供了便捷,互联网、电子邮件、远程视频通话和虚拟现实技术的普及应用使远程沟通和教学变得快捷而且便宜。因此,通过互联网进行远程互动交流,共享教学资源,既是对传统的面对面交流的有益补充,更是信息化时代下的必要方式。学校应充分利用远程网络技术,与国外友好学校进行教学资源和文化资源的共享,一方面使学生不出国门即可亲密接触外面的世界,了解国外文化知识、社会风貌和政治经济等各方面的动态情况,另一方面还可以开展基于网络的中外学生合作研究、项目学习、课程共建、远程视频交流、远程校际辩论赛等共同学习和交流活动。

(三) 中小学校国际交流与合作机制与制度

1. 设立专门的机构和工作人员

为统筹和规范学校国际交流与合作,学校应做好组织建设,即设立专门的外事行政部门,并委派专人负责学校的国际交流与合作事务。这个外事行政部门的名称一般为国际交流中心、国际合作与交流处、外事办公室或外事中心,其主要职能包括以下 5 个方面,如表 6 - 1 所示:

表 6 - 1　国际交流外事行政部门主要职能

序号	主要职能	职能描述
1	本校管理人员教师的国际交流与国际化发展	学校管理人员和教师的国际素养、管理水平和教学理念的提升是学校国际化发展的前提。学校外事部门应为本校管理人员教师到国外合作学校互访交流、挂职锻炼、合作研究，以及参加国际会议和各种涉外活动开发项目，做好组织实施工作，并提供相关服务
2	外籍教师服务与管理	对有聘任外籍教师资质的学校，外事部门应负责外教的聘任、教学管理和生活服务等工作
3	中外学生交流项目管理	为本校学生到国外进行交流互访、互换学习，参加国际比赛和冬（夏）令营等各种涉外交流活动开发项目提供服务。同时，为国外友好学校的师生来访交流做好组织实施工作，并提供相关服务
4	国际化课程开发与管理	研究本校课程的国际化发展，与国外院校和专业机构合作开发并管理本校的国际化课程
5	制订学校国际化发展战略	在校长的领导下，研究并制定本校的国际化发展战略，包括学校办学理念和学生培养目标的国际化、学校管理与运营的国际化、管理人员教师专业发展的国际化、学校课程与教学方法的国际化、教学资源管理与使用的国际化、学校评估和认证的国际化等

2. 设计有效的外事交流方案

学校外事部门除了对全校国际合作与交流工作进行全盘谋划和统筹管理外，对具体的国际合作项目也要进行专业化的设计并精心组织实施。外事交流方案是参与接待的各部门及有关人员都必须遵循的指令性文件，在接待工作的全过程中起着规划、指导、沟通、协调的作用。因此，为了保证外事交流活动的顺利进行，在外宾来访前，接待单位应认真、细致地制订好接待方案。学校的外事交流活动一般有两种：一是对本校邀请的国外团组或个人，主要根据邀请目的和外宾的国别、身份、地位、要求等，结合学校的实际情况，制订交流方案；二是对上级单位指派或有关部门委托接待的国外团组或个人，应按照上级或者有关部门的安排、部署和要求，结合学校的实际情况，制订周密、完善、可行的接待计划。

（1）外事交流方案的基本内容。外事交流方案一般应包括来访者的基本情况、礼仪活动安排、生活安排和交流活动安排等项目。来访者的基本情况一般写在导语部分，应写明来访者的国籍、代表团名称、主宾姓名、人数、抵离日期、交通工具、来访目的以及学校的接待方针。礼仪活动安排部分应逐项写明迎送、会见、宴请、会谈、晚会、参观等活动的具体情况及要求,要明确参加各项礼仪活动的主要人员、活动时间、地点等。对宴请的安排,方案中还应写清宴请方式、参加人数、宴会规模及标准等具体内容。交流活动安排是交流方案的核心部分,需对交流活动的目的、主题、活动形式与内容、参与人员、日期与时间、预期效果等做出分析和说明。生活安排部分要写明外宾住宿地点、住宿标准、日常伙食标准、交通工具等。如遇外宾在生活上有特殊要求,应在这部分反映出来。例如,伊斯兰教国家的客人来访,在日常伙食一项上就需注明"清真"字样。

(2)外事交流方案的附属材料。除正式交流方案外,还应准备好必要的附属材料,作为外事交流方案的补充或供执行方案时参考。附属材料一般包括活动日程、外宾名单、接待手册等。重要的交流活动方案有领导讲话稿、会谈方案、新闻通稿等附属材料。

(3)外事交流方案的基本格式。外事交流方案一般为文字方案和表格方案两种格式。重要团组和人员来访,或活动内容较为复杂,一般应拟文字方案,如系一般人员,活动内容又较简单,也可采用表格方案。学校可根据实际情况,制订自己的外事交流方案。

3. 中外学生国际交流操作规程

以上海市进才实验中学为例,其交流操作规程依据《上海市进才实验中学中外学生国际交流管理制度》将管理制度加以细化,按项目分为两个操作流程。

(1)流程一:姐妹校交流操作规程。赴法国巴黎德彪西中学师生交流活动、赴德国汉堡与阿伦斯堡史多曼中学师生交流活动等:

① 成立当年交流项目组,确立项目负责人;

② 召开项目组成员会议,商议交流活动细则;

③ 宣布出访人员范围及相关要求,组织学生报名及学生遴选;

④ 公示学生遴选结果,召开家长会,通报出访相关事宜;

⑤ 与家委会商议沟通手续办理、旅行社选定、出访费用等相关管理事宜;

⑥ 开展出访学生教育活动,提前做好出访准备相关工作;

⑦ 出访成果汇报(家长汇报会、学生汇报会、展板展示等);

⑧ 由当年出访项目组成员负责接待当年来访事宜,制订接访策划;

⑨ 召开家长会通报接访家庭相关事宜;

⑩ 协调各部门安排好接待具体工作。

（2）流程二：赴其他国家游学活动操作规程。利用寒暑假组织学生赴外游学活动：

① 成立当年游学项目组，确立游学负责人；

② 召开游学组成员会议，商议交流活动细则；

③ 宣布游学人员范围及相关要求，组织学生报名及学生遴选；

④ 公示学生遴选结果，与旅行社共同召开家长会，通报出访相关事宜；

⑤ 与家委会商议沟通手续办理、旅行社选定、游学费用等相关管理事宜；

⑥ 开展游学学生教育活动，提前做好出访准备相关工作；

⑦ 出访成果汇报（家长汇报会、学生汇报会、展板展示等）。

4. 中外学生国际交流应急处理规程

（1）以校长为组长、学校国际交流负责人为副组长，成立国际交流应急处理小组；

（2）出行前校方委托旅行社为出访师生办理交通事故、意外伤害、生病等相关保险；

（3）为来访的外国师生购买外出参观交通意外险等；

（4）在出访前，负责人要为管理教师、学生、家长建立畅通的联系方式，保障出访期间学生与老师、学生与家长、家长与老师等联系畅通。保障学生个别活动时，教师能及时联系学生；

（5）遇到紧急情况，负责人应及时与管理教师商量对策，首先力所能及地化解，遇到困难，要及时求助于出访学校，并协助出访学校做好工作。第一时间将情况通报给出访学校接待负责人及本校校长。

5. 学生出国专业服务行业准入制度

（1）行业准入目的是加强学校学生外出游学工作的管理，规范游学中介机构的竞争行为，确保按照公平公正、公开透明的原则确定承揽业务的中介机构，切实维护学生合法利益。

（2）遴选是指校方依照本办法规定程序，对参选的游学中介机构的资质、业绩、信誉等进行综合比较，以公平竞争的方式优选承揽中介业务的中介机构。

（3）在遴选过程中，校方的相关工作人员与参选中介机构有利害关系的，必须回避。参选中介机构认为校方的相关工作人员与其他参选中介机构有利害关系的，可以申请其回避。

（4）中介机构参加遴选活动应当具备下列条件：

① 具有独立承担民事责任能力；

② 具有相关资质和履行合同所必需的设备、人员和专业技术能力。外来中介机构需依法在上海市工商部门注册登记分支机构并在行政监管部门备案，且有固定办公场所；

③ 参加遴选活动前一年内，中介机构或其负责人未因经营活动违法违规被区级以上行政主管部门行政处罚，或无弄虚作假骗取遴选资格；

④ 法律、法规、规章规定的其他条件。

（5）中介机构参加遴选活动的遴选程序：

① 在校园网上发布遴选公告或发邀请函。由学校在校园网站上发布遴选公告，或采取发邀请函的形式向至少 3 家以上诚信较好的海外游学中介机构发出邀请参加遴选的相关信息。在遴选活动截止时间前，对符合条件但又未被邀请的中介机构，若有意参加遴选活动，且在规定的时间、地点按要求提供相关资料的，应准许其参加遴选活动。

② 资格审查。拟参选的海外游学中介机构按遴选公告（或邀请函）确定的时间、地点提交相关资格材料，校方依据相关法律规定进行资格审查。符合资格条件的进入遴选程序。

③ 遴选。一是成立学校遴选工作小组，成员为：校方代表 2—3 人、校级家委会成员、学校法律顾问 1—2 人、学生代表 2—3 人、海外游学中介机构的代表；二是召开遴选会议，程序主要如下：首先由校方陈述遴选办法、过程；其后海外游学中介机构代表向学校遴选工作小组成员介绍项目，其后学校遴选工作小组成员就项目向海外游学中介机构提问；三是学校遴选工作小组讨论商定游学项目并选定海外游学中介结构；四是校方向中选的海外游学中介机构发出中选通知书，同时须将中选结果在校园网站上公示 5 个工作日，公示期满无异议的，签订中介服务合同。

6. 学校国际交流与合作评价指标体系

学校开展国际交流与合作情况如何，可以从两个方面进行设计与考核，一是制度、机构、机制建设；二是绩效。

（1）国际交流与合作的制度、机构、机制建设指标：

① 国际交流与合作的目标与战略规划：学校制定的国际交流与合作方面的目标、规划和战略举措是否科学可行。

② 国际交流与合作的专门机构设置：学校是否设置了国际交流与合作事务

专门机构及专职人员。

③ 学校管理人员的国际交流与合作：具有海外学习、进修和交流经历的管理人员比例。

④ 教师的国际交流与合作：具有海外游学和交流经历的教师比例；外籍教师占在校教师数的比例。

⑤ 学生的国际交流与合作：具有海外游学和交流经历的教师比例；外籍学生占在校生数的比例。

⑥ 教学与课程的国际交流与合作：开设其他语种外语课和介绍外国文化、政治、经济和社会等国际知识性选修课程的数量；国际课程的引入（前提是得到政府许可）和与本土课程融合的情况；跨国远程课程和与国外学校开展远程互动教学的情况；引入境外优质资源合作办学情况。

⑦ 建立交流合作关系的国外学校和教育机构：建立交流合作关系的国外学校和教育机构的数量及交流合作关系持续的时间。

⑧ 学校对外宣传工作：学校是否有清晰准确的国际化标识；学校是否有外文主页，其更新是否及时；学校是否有中外文对照的宣传册和宣传片。

⑨ 国际交流与合作项目的评价与反馈：是否采用问卷/访谈的形式，收集国际交流合作项目全体参与人员（中外师生、中外管理人员、中外家长等）对项目的评估与反馈。

（2）国际交流与合作的绩效：

① 国际友好学校对本校教育质量提升的促进作用：国际友好学校对学校管理、教学和科研等方面的促进作用是否显著。

② 学校国际影响力的提升：校园主页境外点击率；来学校学习或交流的外籍师生对学校的评价。

③ 对本校管理人员、教师和学生的影响及其反馈：学校管理人员、教师、学生的国际交流合作意识是否增强；学校管理人员、教师、学生的民族自豪感和爱国情怀是否增强；学校管理人员、教师、学生和家长对参与的国际交流与合作项目的评价是否积极正面。

④ 对来本校交流的外国师生的影响及反馈：外国师生在参加交流项目后对中国文化、政治和社会等方面的评价是否积极正面；外国师生对参与的国际交流与合作项目本身的评价是否积极正面。

⑤ 国际交流与合作的受益和支出：国际交流与合作收益占全校总收益的比

例,如外籍学生和海外留学生的学费收入占比;国际交流与合作支出占学校总支出的比例,如国际化课程建设投入、引入外籍教师投入、师生国外学习和交流投入支出占比。

四、中小学生海外游学或实习

"读万卷书,行万里路"一直是备受国人推崇的一种人生修为,与不同环境下的朋友、同学切磋学问。然而,跨出国门把孩子送到国外,让他们与异国的同学接触,感受异国文化的"游学"活动,应该说是在近两年才蓬勃发展起来的。随着国内青少年出国留学人数的不断增多,国际交往的需求不断增大,经营出境旅游的旅行社纷纷把目标对准了青少年学生这一无限潜力的市场。调查显示,我国游学研学人次自 2014 年后迅速增长,2017 年海外游学人数规模达到 86 万人次,市场规模达到 273 亿元,每个学生一次游学消费水平平均为 3.5 万元。其中,中学生是我国海外游学市场的主力军,约占 60%,小学生占比达 20%,大学生占比不到 20%,游学人群呈现明显的低龄化趋势。游学目的地以欧美等发达国家为主,美国、英国最多,德国、加拿大、日本、澳大利亚次之,国际游学产品单价多在 2 万—5 万元。这些出境修学旅游产品虽然价格不菲,但不少家长还是舍得智力投资,目的是为了让孩子走出国门感受异国文化,体验外国先进的教育模式,同时培养其国际交往能力。

(一) 中小学生海外游学或实习内涵

游学,是指学习者离开自己相对熟悉的环境,前往新环境中进行学习和旅行,以拓宽学习者视野、扩展知识储备、感受文化差异、提高综合素质和能力的过程,是素质教育的重要组成部分。游学一词最早出自《北史·樊深传》,指远游异地,从师求学。春秋时期,孔子周游列国治学,是现代游学的始源。20 世纪 90年代中后期,随着我国社会经济的发展,特别是教育国际化进程的加快,游学作为开阔视野、体验异域文化的重要方式,最早由校外教育机构引入我国。中小学生的游学,最早也是由校外语言教育培训机构组织,他们多数将外国作为游学目的地,以进行语言训练、开阔国际视野为主要目的。

中小学生出国参加夏(冬)令营等有关活动系指在寒、暑假期间有组织地组织在校中小学生以团体形式出国参加夏(冬)令营、校园考察、文化体验、语言培训等交流活动。组织中小学生参加出国夏(冬)令营等有关活动的主办单位应是中小学校、教育行政部门所属的对外教育交流机构或者共青团、少先队与妇联组织,可以委托国家旅游局许可经营出境旅游业务的旅行社承办。凡涉及与国际(或目的国)非政府组织开展交流的,应向上级外事主管部门请示报批和备案。组织中小学生出国夏(冬)令营等有关活动不得以营利为目的。出国夏令营项目要先报区、县教育主管部门审批通过才能招生,而跨省(市)组织夏令营原则上不被允许。

(二) 中小学生海外游学或实习的发展现状

1985 年,北京开始正式接待日本修学旅行团。[1]

1987 年,中国政府成立了"中国接待日本青少年修学旅行委员会"。[2]

2003 年 12 月,上海建立了"修学旅游中心",编制《上海修学旅游手册》,并开始到日韩等国家进行修学旅游宣传促销。[3]

2012 年,华东校外教育工作年会上教育部表示将在苏州、合肥、西安的部分中小学校开展"修学旅行"试点;[4]国家旅游局、教育部、外交部、公安部联合发布《关于进一步加强对中小学出国参加夏(冬)令营等各有关活动管理的通知》,其中对中小学出国参加夏(冬)令营等各有关活动的内容、主办单位及管理工作及要求做出具体要求。[5]

2014 年 3 月,教育部发布《关于进一步做好中小学生研学旅行试点工作的通知》,明确了中小学学生赴境外研学旅行活动的定位,强化对研学旅行活动全过程的规范标准。

上述文件的出台,有力地推动了研学旅行的健康发展,而海外游学作为研学旅行的一个重要内容也得到了有效政策支持。

一份调查报告显示:16—26 岁年龄段的青少年的旅游目的,46.29%意在增长知识,35.16%是想要寻求乐趣,可见以增长见识为主要目的的修学旅游,更符

---

① 董江宁.修学旅行,"三个面向"的应选课程[N].北京青年报,2003-11-20.
② 杨俊才.首届中国修学旅行研讨会在南京召开[J].旅游研究与实践,1994,02:33.
③ 刘思敏,陈晓华.国内修学旅游发展对策浅见[N].中国旅游报,2013-07-12.
④ 刘庆传.教育部已将苏州等地列为试点集体"修学旅行"[N].新华报业网,2012-11-14.
⑤ 荆州旅游政务网.转发《关于进一步加强对中小学生出国参加夏(冬)令营等有关活动管理的通知》[EB/OL].(2010-12-06)[2013-09-20]http://www.jztour.gov.cn/Article/HTML/Article_735.htm.

合青少年学生的愿望,同时也为他们的家长所理解。^① 且家长作为修学旅游的实际消费者,对修学旅游的需求也随着我国教育的进步和发展不断地提高。修学旅游的整体需求,呈逐年上升趋势,其消费人群可以分为以下几类:

一是留学考察的青少年旅游者:留学的热潮使得众多家庭想利用假期让孩子到外国进行考察,了解当地风土人情等。由于出国留学的人越来越多,盲目出国而出现的问题又越来越严重,所以提前考察留学环境,对有些家长和孩子来说成为一种必要。

二是夏令营的中小学生旅游者:夏令营对中小学生有非常强的吸引力。对这些学生来说,和同学老师一起出去旅游是件非常新鲜有趣的事情,离开了课本与书桌,完全投入到放松心情的活动中,这种寓教于乐旅游的快乐也让中小学生们非常喜欢和渴望。

(三) 中小学生海外游学或实习存在的问题

游学更主要是"学",而且"游"本质上指的不是旅游,而是注重实践和跨文化与国界的体验式学习,强调"读万卷书,行万里路"的"知行合一"精神。但有的游学已经背离了初衷,各留学、语言培训机构推出的游学团在行程安排上更类似于夏令营活动。

以 2020 年新冠疫情暴发前紧俏的美国某个线路为例,行程中包括访问斯坦福大学、英语授课等内容,但更多地却是游览环球影城、迪士尼乐园、金门公园等娱乐项目,甚至还包括在洛杉矶等地购物。过于商业化的路线、走马观花的行程、蜻蜓点水的体验,让孩子们的游学经历大多流于形式。这种游学究竟能学到什么?

如果说"游而不学"的游学活动让家长失望,那么游学机构"挂羊头卖狗肉"的行径更让家长不寒而栗。海外游学市场目前还没有行业规范以及市场准入等具体要求。目前,有办理出入境资质的机构基本上都可以开展游学业务,一些没有资质的机构也通过合作等形式经营。因此,经常会出现报名咨询是一家机构,但签协议、带团出行的则是另外一家机构,其背后主要因素就是高利润的诱惑。由于行业准入门槛较低,语言学校、留学中介、培训机构以及旅行社都想在游学市场上分一块蛋糕。一些小型游学网站上打出广告"招生",行程安排却与大型

---

① 丁敏,杨飒.论我国修学旅游的发展现状及对策[J].商业时代,2010,17:118-120.

教育培训机构的游学线路雷同。

2012 年 5 月,教育部、外交部、公安部、国家旅游局联合发布《关于进一步加强对中小学生出国参加夏(冬)令营等有关活动管理的通知》,要求不得以营利为目的组织出国夏(冬)令营等有关活动。"这个规定的出台有利于中小学出国夏(冬)令营等活动的管理,但这还远远不够。"[①]2016 年 12 月,教育部、文化部、国家旅游局等 11 个部门联合印发《关于推进中小学生研学旅行的意见》,提出研学旅行要坚持"公益性"原则,"不得开展以营利为目的的经营性创收",对研学旅行的性质做出进一步规定。

总的来说,当前的海外游学市场存在不规范的地方:第一,游学机构的出境游资质问题,目前尚缺乏法律规范和行业标准;第二,国外承接出境游学学校的规范问题,目前也没有任何标准;第三,我国在开办游学项目上准入门槛较低,尚未有明确的法律规范进行约束监管,基本上是靠道德操守和行业规范,存在较大隐患。

(四)中小学生海外游学或实习未来发展对策

游学本身是符合教育开放政策的一种活动。随着国际交往的增多,越来越多的学生、家长、教师等都更加关注培养学生的国际视野和国际交往能力。参加出国游学活动,能够消除对外国的神秘感,了解第一手的材料。随着中国人民生活水平不断提高,越来越多的家庭有支持游学活动的经济能力,这也是显而易见的,游学目的地国家也愿意接待中国学生游学。中国现在已与很多国家签订双边学历互认等合作协议,其中有一些条款是支持游学的。[②] 据有关统计数据显示,国际游学从 2005 年逐渐兴起发展至今,每年市场增长率高达 40%—50%。2016 年海外游学规模达到 120 亿元,突破 65 万人次。尽管 2020 年因为疫情原因,海外游学基本处于停滞状态,但可以预期,疫情过后,海外游学仍将是一个热门选择。当下,从政府层面需要做的就是对中小学生海外游学要有系统思考。

(1)加强创新旅游产品开发。在市场经济体制下,旅行社的经营、竞争异常激烈,而目前的竞争更多地体现在对产品价格的竞争上而忽略了产品质量。对大多数旅行社来说,游学经营仍是在打"低价战",广大的游学爱好者和需求者找

① 王凤娟.海外游学,蓝海还是泡沫?[J].中国报道,2013,07:92-93.
② 王海波.中国学子海外游学热扫描[J].海内与海外,2014,03:9-11.

不到好价位、好内容的游学产品,不利于我国游学业的发展。政府要引导旅游社把竞争中心放在游学产品开发上,尽快摆脱游学产品单一的现状,开发适合青少年学生的旅游产品。

(2)加强校企合作。旅行社作为经济企业,在一定程度上很难直接了解青少年学生的需求,而学生对社会的接触十分有限,这就需要学校作为旅行社和学生之间的纽带,为游学的供方与求方进行沟通搭桥。在学校的协助下,旅行社能够更好地开发适合学生的旅游产品,有针对性地加大宣传力度,增加游学人数,从而提高旅行社的经济效益,而学生也能通过学校能及时全面地了解旅行社新开发的旅游产品,放心选择可靠的旅行社。可见,学校和旅游企业的合作对游学的开展有着十分重要的作用。

(3)加强国内外旅游相关部门合作。中国加入 WTO 后,游学的国际化趋势日趋明显,出境游学人数不断增加,对这个市场的开发和完善,需要国内外旅游机构和相关部门的合作。国际旅游首先涉及出国签证,不少出境游学因为签证不顺利而受阻,这不仅损害了旅行社的利益,而且对游学者的心理和经济方面都造成了损害。同时有些旅行社以游学为名,带领旅游者参观游览不具有游学价值的景点场所,在旅游活动中得不到安全保障,这都降低了旅游质量,直接损害了青少年游学者的利益。为此,国内旅游部门应对开展出境游学的旅游企业进行审核,并为那些资质好的旅游企业联系国外相关旅游部门,减少国际游学的阻碍。这样在保证旅游者和旅游企业利益的同时,有效开拓了我国国际游学的发展空间。

(4)加强安全管理。安全一直是青少年旅游市场的主要问题,也是广大家长在学生旅游方面最关注的问题。由于青少年自我保护意识差,其旅游的安全性一直受到各方面的关注。大小安全事故的屡屡发生严重影响了游学的正常开展。对此,游学产品中要配有相应的安全保护措施,如实施包车厢全封闭式管理、配备保健医生、聘请学校老师当顾问等,而对于自助游的青少年,则需要对他们进行更多的安全教育。

(5)推行优惠政策。例如,应对符合条件的学生实行交通打折优惠,旅游景点、景区门票优惠,以鼓励和支持青少年学生旅游;可以借鉴国外经验,建立以政府为主体、多样化的社会性融资模式,设立学生旅游专项资金,鼓励旅游企业创新开发学生旅游市场;采用政府引导、企业投入的形式,建设一批青少年旅游市场的综合旅游设施;推行游学制度,在校园内发放旅游优惠卡,加强宣传推广力度;等等。

五、中小学校国际化交流与合作的未来发展及思考

(一) 中小学校国际化交流与合作发展存在的问题

(1) 管理体制长效机制尚存不足。从管理体制上看,公办学校的对外交流在审批上归类为"因公出国",受到次数、时间严格限制,使不少学生交流采取因私出国的方式,通过旅行社操作,其在政策、安全上的隐患不可忽视。从长效发展角度看,由于没有相关体制保证一支稳定的队伍从事教育国际化的系统推进,参与者只能是从兴趣出发,无法纳入教育绩效考核;从财务制度看,并未对国际交流有明确的预算科目和投入,致使教育国际交流的活动或项目必然产生财务支出的不规范,这些都影响了教育国际交流项目的长效开展。

(2) 国际交流与合作的政策缺失。中央及地方制定了教育中长期发展规划纲要等政策文件,促进了中小学校教育的国际化,但具体政策、措施配套尚未出台,关于中外学生国际交流管理制度的内容几乎没有。

(3) 缺乏协调,发展失衡。区域统筹协调,整体推进中小学校教育国际化已成为很多地区教育决策者的共识和努力。但是,城乡学校之间、城市优质学校与薄弱学习之间,在开展国际交流与合作方面还存在相当差异,成为教育发展不均衡的新问题。有的办学特色鲜明的优质学校与多所国外名校建立友好关系,师生定期互访互换,开设国际课程、双语课程和多种外语选修课,而有的基础薄弱学校没有任何国际交往,甚至连一名外教都没有。

(4) 注重形式,忽略实质。有些学校过于重视国际间的人员和项目交流,使学校的国际交流与合作局限于与国外学校建立友好校际关系,只是组织学校管理人员、教师和学生友好互访,组织学生夏令营、冬令营等浅层次的交流;还有些学校热衷于开设国际班和国际课程,实质上是把学校办成国外大学的预科班。这类重形式与数量、轻实质与内涵的国际交流与合作,最终效果必然无法使人满意。

(二) 推进中小学校国际化交流与合作建议

(1) 夯实教育国际交流基础建设。要搞好中小学校教育国际化的工作,并

不断提高中小学校教育国际化的交流水平,最重要的要练好内功,教学单位领导要高度重视,制定本单位的中长期国际交流规划;筹集和安排专款,保障国际化工作顺利开展和可持续发展;设立相应的专门机构,做好各项准备工作;加强与家长沟通,获取家长最大支持;培训国际化的专门人才,重点做好相关教师培训和管理人员的培训工作。推进中小学校教育国际化工作,需要学习相关理论知识、国际知识,需要加强市场意识、效益意识、经营意识、风险意识和政治意识,需要加强对相关复杂性和不确定性的管理。这些都要通过加强培训和学习型组织建设来完成。

(2) 完善教育交流平台,拓宽国际化交流途径。充分利用原有交流平台并以此为基础采取多种形式建立更多不同类型的交流平台,不断完善并将这些平台常规化。找准交流切入点,例如"国际儿童艺术周""国际儿童科普周"等,促进交流平台多样化、多元化。学校还要重视发挥教育中介的作用,加快教育交流发展。重视与旅游公司、外贸单位、驻外机构等建立合作关系,完善教育交流平台。

(3) 突出教育交流特色,增强国际交流吸引力。教育特色是中小学校教育国际化的生命。没有特色,就没有吸引力。学校要持续挖掘、培育特色优势,举办更多特色交流活动。例如,利用中国的武术、琴棋书画、旅游资源、历史文化、汉语数学以及移民文化形成自己的优势和特色,开展相应的教育活动;利用特有的科学技术形成专利,开展具有特色和优势的技术依赖型教学活动或科普活动;开展各种形式夏令营和冬令营活动,与旅游单位开展各种游学项目。

(4) 丰富教育交流形式,提高国际交流竞争力。整合教育资源,挖掘教育国际化潜力,优化教育资源配置,不拘一格丰富教育交流形式,创造教育交流机会,扩大国际交流覆盖面,尽力实现教育规模效益。要善于以项目合作为重点,实现教育交流优势互补。要尽力促进交换式交流,例如互设国际交流班、教师交换、学生交换、教材交换、项目交换等;尽力开拓非留学领域,例如远程网上教学、合作办学等;努力推进基础教育输出;重视发展与非英语国家的教育合作。

(5) 充实教育交流内容,扩大国际交流覆盖面。深化国际课程交流,巩固国际化交流基础。吸收先进国家和地区在课程建设方面的经验,引进一批具有较强特色和优势的精品课程,编撰和外销一批具有中国特色和优势的精品课程。深化与国际儿童阅读联盟、国际联盟学校、国际环境教育基金会等国际教育组织的项目合作。增加不同文化背景,促进交流文化多元化。选择来自不同文化背景的典型国家有代表性的学校,互设跨文化班,让学生了解异国文化,学会跨文化沟通,促使本地学生与外国学生建立经常联系。

(6) 加强教育市场研究,促进教育交流市场化。教学单位要重视和不断加强对中小学校教育国际化的研究,重点是加强国际化教育市场研究,发现教育需求,加强国际教育市场营销和宣传,发挥市场需求的作用。要重点研究市场机制对中小学校教育国际化的影响,以借助市场机制推动中小学校教育国际化的高效发展;加强中小学校教育国际化发展的规划研究,以规范管理促进中小学校教育国际化的科学发展、可持续发展;加强国际化运作机制的研究,加快形成行之有效的国际化运作机制;加强对相关中介机构、企事业单位的研究,尽力采用借船出海战略、融合发展战略、共同发展战略与合作发展战略,促进多方共同发展。

第七章 涉外中小学的能力建设

一、涉外中小学的能力建设的背景与现状

全球化促进了教育的国际化,加强了各国之间在教育资源方面的交流,促使各国的教育市场向全球开放,从而各国都可以利用全球的教育市场。在充分利用全球教育市场、教育国际化的背景下,留学成了众多学生的选择。另外,由于移民或工作原因,举家迁移国外的现象也日益普遍,由此孩子到境外接受教育也成为必然。同时,我国加入 WTO 以来,教育更趋开放化,中国的教育向境外学生敞开了更大的怀抱,境外学生在我国就读也日趋顺利与方便。经济的飞速发展,外资企业与合资企业使中国迎来了无数境外家庭,这其中当然要涉及境外学生的就学问题,需要相应的政策与法律规范,推动、吸引外籍学生来华接受教育和进行交流。

境外学生就学不只是教育问题,而且也是社会问题。首先,外籍学生将国与国、地区与地区之间的联系加深了,提升外籍学生的教育教学质量是不断改善区域投资软环境的重要途径,同时也能够进一步促进区域经济的发展。其次,外籍学生教育在某种程度上,也是树立区域形象的一种途径,外籍学生会成为传播中华传统文化的桥梁。随着上海市的改革开放力度不断加大,上海市外国学生也不断增加,并逐渐形成一定的规模。外国学生群体可分为两大层面,即高校中的外国学生通常被称为外国留学生,中小学层面的外国学生被称为外籍学生。随着外籍人士来沪投资、工作的增加,中小学层面的外籍学生教育已经成为上海教育服务业的新增长点。

一是随着中国经济的发展和对外开放程度的扩大,越来越多的企业从国外聘请专家,帮助企业解决技术和管理方面的问题。在这些外国专家中,有很多因长期在中国工作而全家来到中国,他们的孩子迫切需要接受良好的教育和照顾。

二是近年来,选择返回中国发展的"海归"越来越多。教育部 2018 年数据显示,留学人员年度回国人数达到了 48.09 万,其中获得硕士、博士研究生学历及博士后出站人员达到 22.74 万。① 这些"海归"希望为他们的孩子寻求一个国际化的教学环境,既能提供与国际接轨的教育服务,又不偏废中国传统文化,以帮助孩子更好地融入中国社会。

三是港澳台与内地经济贸易和文化交流活动越来越频繁,长期在内地工作人员的子女教育也希望能走"中西合璧"的路线。

四是中国经济的飞速发展,使众多外国友人比以往更为关注中国和中国文化,留学中国学汉语可以适应国际环境,了解不同文化,为成为国际人才创造条件,这已成为当今国际上的一种流行时尚。

二、中小学校教育涉外教育服务主要类型

一般来说,中小学校教育方面的涉外教育服务机构主要包括以下四种类型。

一是由在中国境内合法设立的外国机构、外资企业、国际组织的驻华机构和合法居留的外国人开办的外籍人员子女学校,如上海德威外地人员子女学校等。

二是本地学校开设的国际部,如上海华东师范大学第二附属中学国际部、上海宋庆龄幼儿园国际部。

三是外国机构或个人开办的补习中心,如上海青海韩国人补习中心、上海飞翔日本人补习中心等。

四是在具有接受外国留学生资格的国内学校随班就读,如浦东福山外国语小学、洋泾菊园实验学校等。目前这类学校数量增长很快。

此外,对外汉语教育和华文教育有中小学校教育方面的涉外教育服务。本文主要对外籍人员子女学校和随班就读两种涉外教育方式进行探讨。

三、外籍人员子女学校

外籍人员子女学校是指跟随外国侨民母国的教育制度,为外国侨民提供其

① 追寻教育对外开放的历史印迹[EB/OL].[2020-12-21]http://www.moe.gov.cn/jyb_xwfb/s5147/201810/t20181016_351599.html.

母语教育的学校。一般来说,外籍人员子女学校(International School)是指拥有相当比例的外籍学生,为其提供中等或以下程度教育,并实施外国学制的学校。

在中国,外籍人员子女学校为境内的外籍学生提供初、中等教育服务,既包含那些具有特定的国别性,遵循举办者母国的教育制度,为境内的母国公民提供母语教育的学校,也包含那些没有严格的国别性,为境内不限国籍的外籍学生提供国际化教育的学校。

(一) 外籍人员子女学校的开办及发展

依据我国外交部、国家教育委员会《关于外国驻中国使馆开办使馆人员子女学校的暂行规定》(简称《暂行规定》)(1987 年 9 月 1 日),驻华大使馆可以开办使馆人员子女学校。此后,北京以外的驻华领事馆,也被批准参照《暂行规定》注册子女学校。因此,在后来的政府文件中,此类学校合称为外交人员子女学校。

依据国家教育委员会《关于开办外籍人员子女学校的暂行管理办法》(教外综[1995]130 号),在中国境内合法设立的外国机构、外资企业、国际组织的驻华机构和合法居留的外国人,可以申请开办外籍人员子女学校。这一行政许可事项,后来被《国务院对确需保留的行政审批项目设定行政许可的决定》(国务院令第 412 号)确认。外籍人员子女学校增长迅猛,截至 2008 年底,已有 98 所,遍布全国 16 个省、直辖市,学校数量和学生规模颇为可观。值得注意的是,教育部公布的外籍人员子女学校名单并不包括台湾同胞子女学校,后者另行分类。

在一定意义上,可以说外籍人员子女学校办学是改革开放后上海教育对外开放的开端。随着上海经济的发展和投资环境的改善,来沪外资企业不断增加。20 世纪 80 年代初,上海市政府教育主管部门开始帮助各国驻沪领事馆开办附属学校。1988 年,当时的上海市教卫办与有关方面商定,提出了外国人士来沪投资开办外籍人员子女学校的设想,并通报各国驻沪领事馆、"三资"企业及外国驻沪机构。美国驻沪领事馆接到这一通报后不到一年,即于 1989 年 3 月 21 日照会市府外办,提出开办领馆人员子女学校,即上海美国学校的要求。经市府外办同意,上海美国学校于 1989 年 3 月 31 日在上海市教育局正式注册,成为上海市第一所外籍人员子女学校。1992 年邓小平南方视察讲话之后,随着上海城市"一个龙头、三个中心"位置的确定,上海的人文教育环境、经济投资环境、科技信息和政策法规等都具备了足够的条件,跟随上海改革开放发展的步伐,上海市外籍人员子女学校也进入了蓬勃发展的时期。

1993年,上海市教育局、市外办根据《上海市社会力量办学管理办法》和国家教委《关于国外机构或个人在华办学问题的通知》,结合上海实际情况,制定了《关于在上海建办外籍人员子女学校的若干意见》,就外籍人员子女学校的建办原则与规范、申报程序、管理办法等,提出了具体建议,随后颁行了《境外团体或个人在沪举办外籍人员子女学校的管理办法》。上海的实践与立法,推动了全国的外籍人员子女学校办学实践与法规建设。

伴随着上海国际化大都市发展进程,外籍人士的居住比例越来越高,越来越多的外籍中小学生出于对中文学习、扎实的基础教育、远低于外籍人员子女学校的学费等的需求,选择就读于上海市中小学校。为适应上海改革开放形势发展的需要,上海市教委在2000年制定《上海市中小学接受外国学生管理实施细则》,含学校资格和条件、学生资格和条件,中小学接收外国学生资格的审批,接收外国学生的中小学管理,职责、义务以及附则共5章。① 目前,上海所有的中小学校都已向外籍学生开放,允许外籍学生以随班就读的形式在中小学就读。目前,在本地学校随班就读的外籍人员子女及港澳台学生约占全校学生的20%。②

截至2017年,上海的外籍人员子女学校已达37所,校区57个(含本地学校国际部),在校人数达到2.9万名(未包括补习中心在校生数)。至今,上海已形成学段完整、课程多样的外籍人员子女学校教育体系,基本满足在沪居留的外籍人员子女及港澳台学生的就学需求,解决了他们的后顾之忧,为上海优化人才引进环境提供了坚实的保障。

我国对外籍人员子女学校的开办有明确的要求。举办人须是在中国境内合法设立的外国机构、外资企业、国际组织的驻华机构和合法居留的外国人;有相应规模的生源和办学需求,有适应教育教学需要的师资,有必要的场地、设施及其他办学条件,有必备的办学资金和稳定的经费来源;还须提供开办学校的申请书,其中包括办学宗旨、招生规划、招生区域、办学规模等,学校章程,申请人证明

① 上海市教委.上海市中小学接受外国学生管理实施细则[EB/OL].
② 上海市教育科学研究院.上海市外籍人员子女学校蓝皮书.(2016-8)[EB/OL].[2020-12-21] http://www.shmec.gov.cn/UserFiles/File/wjznzw.pdf

文件,学校校长、董事会成员名单及其资格证明文件,拟建学校设施、资金、校舍、场地、经费来源及有关证明文件,师资来源。其受理时限是全年,答复时限一般在接到教育部批复后7个工作日内。一般流程为:受理申请;市教委审核;报教育部审批;经教育部审批同意后,由市教委签发同意开办通知书;市教委受理外籍人员子女学校每年教职员工、学生的注册登记。

(二) 外籍人员子女学校的特点

一所学校是否可称为外籍人员子女学校应满足以下条件:学校的学生构成、课程体系、教师来源、资格认证等要素均有境外元素的参与,这类学校可认定为外籍人员子女学校。大多数的外籍人员子女学校通常具备以下共同特点:①外籍人员子女学校的办学主体一般来自东道国政府、国家或政府驻外机构、国际组织机构、社会团体或基金会、跨国公司、商业模式的教育集团、慈善家或个人等。②外籍人员子女学校的学生一般来自境内的不同国籍、人种、宗教和文化背景的学生,是否招收东道国学生视学校性质与东道国的法律而定。比如,有少数具有鲜明国别性的外籍人员子女学校只招收母国公民,而大多数外籍人员子女学校则不限国籍招生,并且也向东道国学生敞开大门。然而,有的东道国政府禁止本国公民入读外籍人士开办的外籍人员子女学校,于是这部分人便选择就读在自己国家教育体制内开办的外籍人员子女学校。③外籍人员子女学校的学制涵盖幼儿园、小学、中学及大学预科阶段的教育。④外籍人员子女学校大多数是独立于国民教育体系之外的学校,所有权和管理权一般是独立的,少数的外籍人员子女学校属于公立教育体系。⑤外籍人员子女学校通常以国际教育为己任,以培养"国际公民"为教育目标,使学生具备全球化进程中所需要的语言、知识、能力和态度,等等,同时培养学生的国际视野和国际思维、国际理解和合作能力,以及跨文化交往和处理国际事务的能力。⑥外籍人员子女学校一般获得权威外籍人员子女学校组织的认证,加入后成为会员学校,或者通过剑桥大学国际考试委员会、美国大学理事会的认证,授权开设国际课程,采用其开发的考试模式,并获准颁发国际知名大学承认的文凭。⑦外籍人员子女学校一般把英语作为第一语言,通常采用双语或多语进行教学。①

① 张蓉.国际学校的概念界定与类型梳理[J].海峡教育研究,2014,01:78-83.

（三）外籍人员子女学校的类型

根据外籍人员子女学校的办学主体进行分类，外籍人员子女学校可以分为以下十种类型：

（1）政府作为办学主体，在国内开办的外籍人员子女学校，主要招收境内的外籍人士子女以及部分当地公民，采用国际课程。例如，荷兰的大部分外籍人员子女学校属于公立教育的国际分部，隶属于正规的荷兰初等教育和中等教育部，外籍人员子女学校受政府单独资助，主要招收境内的外籍人士子女以及当地公民，如阿姆斯特丹国际社区学校、阿奈姆外籍人员子女学校，这两所学校均为国际文凭组织的授权学校，开设国际文凭课程。又如，北京市芳草地学校是中国第一所公办国际学校，兼收中外学生，采用自创课程体系。此外，还有复旦大学附属中学国际部、进才中学国际部，性质属于公立学校，招收中国境内的外籍和港澳台学生，前者接受美国西部院校协会的认证，采用美国课程体系，后者使用 IB 课程体系。

（2）政府以外的社会力量在本国开办的外籍人员子女学校，如非营利性社会团体、教会、财团、基金会、商业模式的集团、个人等开办的学校，主要招收境内的外籍人员子女以及少量的本国公民，采用国际课程。例如，瑞士的外籍人员子女学校大部分为私立的寄宿制学校，招收本国精英阶层及各国名流政要、商界精英人士子女，以及外籍高端科技人才的子女，号称全球精英教育的典范；瑞士的布雷蒙外籍人员子女学校，获得新英格兰院校协会以及外籍人员子女学校欧洲联合会的认证。苏黎世外籍人员子女学校，为外籍人员子女学校委员会和新英格兰院校协会的认证学校。又如，我国的宁波至诚学校由个人出资创办，获浙江省教育厅及浙江省政府外事办公室批准，招收在宁波工作的外籍人士子女及本地的学生，该校是国际文凭组织授权的学校，开设国际文凭课程。

（3）国家或政府驻外机构在驻地主办的海外学校，由学校成立的家长委员会经营与管理，性质上属于私立学校。这些学校创办之初往往植根于民族传统，具有鲜明的国别性，如法国外籍人员子女学校、英国外籍人员子女学校、美国外籍人员子女学校、德国外籍人员子女学校等，主要是为驻地的母国公民提供教育服务，使用母国的课程体系。随着时代的进步，这类学校逐步为境内更多的外籍人士子女敞开大门。比如，法国海外的小学、初中和高中遍布在全世界 130 个国家和地区，共有 480 所学校，形成一个庞大的海外学校网络，法国海外教育署负责这些学校网络的组织、跟踪监测和服务推广工作。该署于 1964 年在我国开办北京法国外籍人员子女学校，于 1995 年开办上海法国学校，主要接收法国学生和来自法国教育体系内的讲法语的学生。又如，20 世纪 70 年代，美国驻北京联络处创办的北京顺义外籍人员子女学校，由家长委员会经营和管理，董事会成员均从家长委员会中选举产生，汲取了世界各国最优秀的教育经验，并选用国际文凭课程项目，生源以美国学生为主，该校为外籍人员子女学校委员会、新英格兰院校协会以及国际文凭组织的认证学校。与此类似的还有，美国驻上海领事馆主办的上海美国学校，同样由学校家长委员会选举出来的董事会经营与管理，学生来自 40 多个国家，课程属于美国课程体系及国际文凭课程，为国际文凭组织授权学校。

（4）两个或多个国家的政府或机构联合办学，性质上属于公立学校。例如，欧盟在 7 个成员国开办 14 所欧盟学校，具有特定的招收对象，面向欧盟机构职员的子女，使用欧洲文凭课程。又如，1960 年联邦德国和美国在柏林创办约翰·肯尼迪学校，联邦德国学生占 57%、美国学生占 33%，其余 10% 的学生来自其他国家，学生可选择使用美国或联邦德国的课程体系。

（5）国际组织或机构的公职人员在驻地开办的学校，性质上属于私立学校。例如，1947 年开办的联合国外籍人员子女学校，由联合国机构职员为子女创办，招收联合国机构职员、各国常驻联合国代表，以及驻美大使馆、领事馆等人员的子女，为国际文凭组织授权学校，采用国际文凭课程。又如，创建于 1924 年的日内瓦外籍人员子女学校，由国际联盟和国际劳工组织的高级职员会同瑞士教育家共同创办，面向各国学生，学校获得外籍人员子女学校委员会、美国中部各州院校协会以及国际文凭组织的认证，采用国际课程。

（6）一些全国性的社会团体在世界很多国家和地区创办外籍人员子女学校，面向各国公民招生，采用国际课程。例如，美国外籍人员子女学校基金会，又名美国外籍人员子女学校发展联合会，分别创办了澳大利亚的佩斯外籍人员子女学校、印度尼西亚的北雅加达外籍人员子女学校、杭州外籍人员子女学校、上海长宁外籍人员子女学校，以及南非的开普敦美国外籍人员子女学校，这些学校均获得美国西部院校协会的认证，采用国际课程。又如，总部设在伦敦的世界联合学院基金会，是一个非营利性的国际组织，全球共有 12 所连锁世界联合学院，在 145 个国家设有国家委员会。各国的国家委员会由志愿者组成，包括世界联合学院的毕业生、教育工作者、社区领导人和其他有兴趣的支持者，学校面向世界各国学生,为国际文凭组织授权学校,使用国际文凭课程。

（7）商业运作模式的教育集团创办的全球连锁外籍人员子女学校,面向世界各国公民,采用国际课程。例如,英国的诺德英吉利教育集团创办的上海英国外籍人员子女学校、北京英国学校、广州英国学校等28家全球连锁外籍人员子女学校。这些学校接受东南亚英国外籍人员子女学校联盟及剑桥大学国际考试委员会的认证。又如,全球教育管理系统经营的11所连锁外籍人员子女学校,接受外籍人员子女学校委员会、国际文凭组织,以及剑桥大学国际考试委员会等多家权威机构的认证,学校采用国际课程。

（8）个人在海外投资办学,面向世界各国公民子女招生,采用国际课程,性质上属于私立学校。例如,伦敦美国学校,创办者是一名在伦敦工作生活的美籍BBC记者。起初是为在伦敦的美籍儿童提供就学服务,如今学校生源来自50多个国家,采用美国课程体系,学校获得美国中部各州院校协会和外籍人员子女学校委员会的认证。又如,泰国台商创办的泰国中华外籍人员子女学校,创办之初是为泰国的台商子女提供英语及国文教育,如今也招收泰国本地学生以及境内的其他外籍人员子女,学校接受美国西部院校协会认证,使用美国课程体系。

（9）一些跨国公司为海外员工子女开办的学校,如英荷壳牌集团开办的壳牌学校,采用国际小学课程。

（10）一些著名的独立学校在其他国家设立的分校,如英国的哈罗公学、达利奇学院、威灵顿学院、舒兹伯利学校和莱普顿学校等在国外均设有分校。这些学校主要用英语授课,很多考试也是基于英国的标准。外籍人员子女学校数量迅速增加,主要是由于许多国家对高质量国际教育的需求增加,比如中国、印度和日本。国际私立学校教育论坛发布的数据显示,英国有越来越多的私立学校寻求在海外成立分校区。哈罗公学和达利奇学院是首批在远东设立分校的学校。哈罗公学率先于1998年在泰国曼谷建校,而今在中国北京和香港也已开设分校。达利奇学院已在中国的北京、上海、苏州以及韩国分别建校。惠灵顿学院上海分校于2014年8月正式成立,而莱普顿学校则将校园复制到了迪拜。海尔伯里学院在哈萨克斯坦办有姐妹学校,北伦敦教会学校也在韩国设立了新校区。

（四）外籍人员子女学校的课程设置

面对来自世界各地的学生,各个外籍人员子女学校都提供了融和东西方教育之精华、满足不同个体之需要、涵盖各大考试之要求的课程约 100 多种,具体有:国际文凭组织 IB、美国 SAT、中国 HSK 课程等,课程设置具有兼容性、衔接性、适应性和开放性。

1. 必修课程与选修课程相结合

必修课程以学科知识体系为基础,全面传授基础知识和基本技能,它凭借学科内容的逻辑性系统地传授文化知识,通过学科内容编排的难易程度有效地发展学生的智力。外籍人员子女学校的必修课程编排力争做到以下三方面:一是学科课程的全面设置。外籍人员子女学校的中、英文系列同时开设汉语、英语、数学、物理、化学(小学为科学)、生物、历史、地理、音乐美术、体育等课程,为学生打下扎实全面的基础。二是语言课程的分级制。即将课程分为若干不同程度的等级。以汉语课为例,除在小学、初中、高中段分别设有汉语正常班以外,还开设入门班、初级班、中级班、高级班等。三是必修活动课(CAS)的设置。每隔两周安排两节必修活动课,针对性地组织(或由学生自发组织)各类活动,如艺术节、全校性的义卖、演讲、体育比赛、游园活动等。除了设置大量必修课外,外籍人员子女学校还开设选修课,扩大学生的学习空间,提供学生实践的机会。

选修课主要有以下三种:一是升学导向类选修课程,是指由学生自主选择、便于学生扩大知识面以及顺利通过高一级学府升学考的课程,具体有:文凭课程,相当于大学预科课程;升学辅导课程,如中国大学留学生入学考试辅导课程、汉语水平考试(HKS)辅导课程、港澳台联合招生考试辅导课程、美国 SAT 考试辅导课程、美国 TOEFL 考试辅导课程。二是语言强化类选修课程,有 CSL 中文加强、ESL 英文加强及法语等语言选修。三是学生兴趣类选修课程。很多外籍人员子女学校开设有丰富多彩的中间性选修,有语言类、艺术类、家政类、体育类等课程,另外还组织社区服务、国际文化交流日、化装舞会等各种社团活动,以培养和提高学生各方面的能力和兴趣。

2. 中文系列与英文系列相结合

很多外籍人员子女学校在课程设置上,将中文系列与英文系列有效地结合起来,在开设英文系列的同时,推出中文系列,因为中文是了解中国、了解东方文化的媒介。外籍人员子女学校在中、英文系列课程的设置上采取各学段全面铺开,即每个学段的每位学生都有选择自己所需语言系列的权利,并根据自己的语言水平和爱好随时进行再选择,这大大提高了课程的可选性。

3. 国际要求与国内要求相衔接

外籍人员子女学校在课程设置上,还将国内要求与国际要求有效地衔接起来。在重视学生的学习基础和学习习惯的同时给予学生充分的自主时间,注重学生技能培养和个性张扬。一是既注重知识的积累,也注重技能的培养。外籍人员子女学校要求学生亲自动手操作实验、动手制作标本,走出校门进行社会调查,在实践中学生的知识得到了强化。二是既紧抓作业的复习强化,也给学生充分的自由时间。一定量的回家作业可以帮助学生及时巩固当天学习的知识,但作业量有所限制,小学不得超过 1.5 小时,中学不得超过 2.5 小时,以便学生有安排自己作息的自由度。三是既讲究学习的扩散性,更讲究学习的基础性。外籍人员子女学校鼓励学生按照自己的喜好去学习,但并非一味任凭学生的爱好,而是根据学生的年龄特点,规定学生必修的课程,以加强学生对基础知识的掌握。[1] 四是既着意于国内教育要求,更着意于国际教育标准。外籍人员子女学校的教育或多或少带有中国特色,如开设留学生入学考试辅导课程 HSK 课程等,为部分学生在中国进修更高学历做好准备,另外也开设了 IB 文凭、SAT 等课程,向国际标准靠拢,以保证学生能够顺利进入向往的国际学府。

东西方教育存在着较大差异,也存在着优势互补的可能性。随着外籍人员子女学校这一独特的教育形式在各个城市的迅速发展,不仅对于国内学校的国际部,而且对于纯粹的国内学校的办学也提供了很多可以借鉴和参考的经验。国内提倡素质教育和因材施教已经很多年,但因种种原因,真正实施还有待时日。[2] 外籍人员子女学校的办学让我们看到了素质教育和因材施教的成功典范。外籍人员子女学校先进的经营管理对国内学校也是一种良好示范。加强信息沟通,促进国内学校与外籍人员子女学校联谊。通过开展学校与地处浦东的外籍人员子女学校联谊活动,以校长交流会、文艺活动、体育比赛等形式,增进学校间和学生间的双向交流与合作。我们还可以借鉴国外的教材中的现代化内容与优势经验,可以拓展师生参与国际教育交流的渠道,为师生国际意识的增强与国际活动能力的提高,搭建更多的舞台。

---

① 王丛芝.国际学校的办学理念和实践[J].小学教学参考,2004,10.

② 张蓉.教育国际化与世界基础教育改革[J].外国中小学教育,2007,07.

四、外籍学生在本地中小学"随班就读"

（一）外籍学生在本地中小学"随班就读"现状

"随班就读"是一种使儿童就近进入普通学校学习的特殊教育安置模式，是我国教育界中的一个专用名词，常用于特殊教育之中，指残疾儿童和正常的健全儿童共同在普通学校的常规班中接受教育的形式。本文中，"随班就读"是指把外籍学生安排在学校的正常教学班级之中，与国内的学生接受相同的、正常的学校教育的一种形式。外籍学生与国内学生享受相等的权利，接受的是一样的教育，所享受的教育资源是一致的，如教室、教学设备和设施等硬件条件，教师、管理制度等软件条件，其教育教学的组织过程、实施的课程、参与的活动也是相同的。

为了满足外籍子女就读的多样性需求，除了自主办学的外籍人员子女学校之外，中小学校内设置国际部或境外班，接受外籍学生随班就读的中小学也纷纷涌现。1999 年 7 月，教育部下发《中小学接受外国学生管理暂行办法》，就中小学接受外国学生的资格的认证、入学申请的审核、收费项目的参考标准、学业要求做了规范，要求获得接受外国学生资格的中小学，应建立有关规章制度，学校领导要重视这项工作并指定专人负责外国学生的学习、生活、安全及其他日常指导和管理工作。

为适应上海改革开放形势发展的需要，规范中小学接受外籍学生来沪学习的管理，根据教育部第 4 号令及有关方针政策，结合上海的实际情况，于 2000 年 1 月上海市教委印发了《〈上海市中小学接受外国学生管理实施细则〉的通知》，就学生资格、学校资格、教学条件、师资条件、管理条件、生活条件、学校资格申请、审核和批准、招生管理、学籍管理、校园管理、签证、居留证管理、外国学生和校方承担的管理职责和义务等做了规定。后续发布的《上海市中小学学籍管理办法》（沪教委基［2006］）、上海市教育委员会《关于本市中小学、幼托园所接受外国学生（幼儿）若干规定的通知》（沪教委外［2006］73 号）以及上海市教育委员会、上海市物价局、上海市财政局《关于规范本市公办中小学幼儿园所接受外国学生（幼儿）收费管理的通知》（沪教委财［2007］8 号文）等做了进一步具体规定或说明。

在中国法律框架之下相对独立的外籍人员子女学校和补习班，上海本地学校内设置的国际部和境外班以及遍布上海各区的接受外籍学生随班就读的中小学共同构成了上海市外籍子女教育的大框架。

（二）外籍学生在本地中小学"随班就读"学校类型和就读方式

以上海市中小学内是否设有国际部作为依据，可将沪上接收外籍中小学生随班就读的学校分为以下两类：①校内没有设国际部。学校由于资源紧张无法为外籍学生提供常规性的课外辅导教学和汉语能力培训，外籍学生需根据自身情况选择部分随班（仅语言课语文和英语随班）和完全随班（完全参加学校的课程和管理），如福山外国语小学、新基础实验学校等。②校内设有国际部，允许外籍学生达到学校学业要求后申请随班就读，如建平中学、向明中学等。相应的外籍学生随班就读的主要是以下两种：一是外籍学生仅语言课（语文、英语）参与随班就读；二是经过学校组织的学业测试提供中文能力过关的外籍学生完全融入本地班级学习。

上海外籍中小学生可以到所属区教育局报名，经备案后，由基础教育科按就近入学原则，统一安排就读，如愚园路第一小学、徐汇区日晖新村小学等。申请的学校如福山外国语小学等，已通过上海市教委统一认证，具有直接海外招生资格，且校内不设国际部，外籍学生可到学校教导处直接报名。外籍学生也可参与学校国际部报名，在语言能力与学业成绩测试合格后申请进入本地班级跟读，如向明中学、建平中学等。一般受理申请的学校会组织相关的语言测试和学科测试，通常是语数外三门，决定是否录取该名外籍学生。

上海外籍中小学生教育存在着明显的优势：

首先，政策利好，政府重视。上海市教育主管部门近年来明确了把积极发展外国学生事业作为推动上海教育参与教育国际化发展的一个重要突破口。上海市教委给予了较多的优惠政策，例如拟定外籍人员子女学校的办学设置标准；会同社团管理局参照外商企业团体法人登记的方法对外籍人员子女学校进行登记试点；充分尊重外籍人士自由选校的权利；教育部门之外的其他机构对外籍家庭的优惠政策也体现出了政策优势和人性化的一面，所有这些为吸引外籍学生来沪就读创造了良好的政策环境。

其次，海派文化，兼收并蓄。近年来，随着中国国际地位的提高，中国文化在世界上知名度和影响力与日俱增，中国优秀传统文化已经成为吸引外籍学生特别是亚洲学生来中国就读的重要因素。而与其他城市相比，上海的文化更具有现代化、多元性。上海的海派文化对上海、长三角地区乃至全国都产生了深远影响。它融合了含蓄温和的吴文化和激越奋进的越文化,并与欧美文化兼收并蓄。在这里不仅能学习中国优秀传统文化,还有机会接触世界各地的不同文化。

再次,中西结合,教育模式具有吸引力。上海市的基础教育质量得到国际认可。中国的教育,特别是基础教育优势也是吸引外籍人士的重要原因,家长们很看重中国的教育质量。此外,上海市很多招收外籍学生的中小学和外籍人员子女学校都把"中西文化结合"当做促进学生多方面发展的主要方式,探索出一条融合多元文化的教育途径。学生在毕业之后,选择更加多样,无论是回国,还是选择第三国,还是继续留在中国,都具备了相应的语言和知识基础,并且因为有了外籍人员子女学校或者在本地中小学就读的背景和经历,使他们能较早适应社会,视野更开阔,更有利于成长。①

(三) 外籍学生随班就读管理中存在的问题

1. 没有充分考虑外籍学生自身特点,缺乏学业管理的针对性

学校教育教学的出发点和立足点都是基于国内学生的总体特点的,其课程的设置、教学方案的设计、学生学业水平的评价等各方面并没有特别考虑随班就读的外籍学生这一特殊群体,没有针对外籍学生进行专门的设计或相应的调整。这必然导致这一部分学生在一定程度上缺乏科学的、符合自身特点的、量体裁衣式的特殊关注和辅导。长期如此,必然会影响外籍学生的全面发展。

2. 外籍学生的流动性较强,增加了学校管理的难度

学生的稳定性是学籍管理的重要保障。教育教学中,知识体系的形成、行为习惯的养成、规章制度的遵守、班风以及学风的形成等,都需要学生在一定时间内较为稳定地在学校环境中学习生活,逐渐熏陶、感染、习得而成。但事实上,很多外籍学生家庭的流动性直接导致了外籍学生的不稳定性,使得学生教育的效果还未完全呈现,学生之间的融合度还未达到最佳水平,外籍学生就已经离开了接收学校,转往其他地方了。这在很大程度上削弱了学校对外籍学生管理的效果,也在无形中增加了学校管理的难度。

3. 缺乏专门针对外籍学生的品德教育及评价的相关制度或规定

外籍学生无论是品德操行评价、德育表彰和奖励,还是德育管理规章制度的

---

① 闫温乐.透视上海外籍中小学生教育[J].现代中小学教育,2005,11:9-11.

制定,均是与国内学生的相关要求基本一致的,没有针对这一特殊群体制定专门的制度或规定。

五、外籍人员子女教育未来发展思考

(一) 政府层面要整体设计

1. 做好政策设计

在政策法规上,政府应该继续保持已取得良好效果的开放政策,同时加强宏观管理的力度,尽快出台更为科学详细的一套有关外籍学生及学校的管理法规,从而使学校管理者和政府管理部门在行为和活动中有法可依。

2. 要做好布局规划,稳定发展外籍人员子女学校数量,注重质量提高

浦东新区提出,国际教育服务要服务于国际化浦东的发展需要,适应新区部分外籍人员及其子女对接受本国教育的需求,在继续扶持目前外籍人员子女学校发展的基础上,浦东新区政府进一步通过引资办学、在浦东引进外籍人员子女学校或设立浦东教学点,在数量上提高供给能力,扩大外籍人员子女学校种类和数量,优化布局;鼓励、支持具有招收外籍学生资质的学校扩大国际学生的比例和扩大生源的国别范围,尽可能满足外籍学生的多样化就学需求。更为重要的是,在此基础上采取可行措施不断提高外籍人员子女学校的办学质量,新区政府支持外籍人员子女学校、公办学校国际部的教育教学,不断扩大浦东的国际学生数量,让更多落户浦东的外籍人士子女接受适合的优质教育。

3. 积极打造上海中小学外国学生教育的品牌

上海市具有招收外籍学生资格的学校在加大发展力度的同时,注重内在质量的提高,以"促进东西文化融合,培养国际性人才"为培养目标,在国际教育服务贸易蓬勃发展的大好形势下,上海外籍学生教育抓住契机,积极打造上海外国学生教育的品牌,这应当成为发展外国学生教育的基本理念。

(二) 学校层面要修炼内功

1. 学校加强招生宣传、扩大生源

过去,中小学层面的学校对招收和发展外籍学生教育并不十分重视,通过十几年来的发展,各学校亲身感受到了发展外籍学生教育的益处和重要意义,应该

尽快由被动走向主动,如上海中学国际部,就已经走出国门,以丰富多样的宣传方式和招生渠道,积极开拓生源。

2. 重视对教师的培养和管理,建立外籍学生专门的教师队伍。面向外籍学生的师资力量应该加以优化

一些学校把教学经验不足的新教师用于外籍学生的教学,外籍学生班级被戏称为"教师训练班",这样的情况是不利于外籍学生教育长期、健康发展的。

3. 各学校之间需要加强外籍学生管理经验交流

与高校层面留学生相比,中小学层面的外籍学生管理经验交流活动开展相对较少。中小学应该加强这方面的交流活动,主动组织一些研讨会,分享外籍学生方面的教学、管理经验,为提高办学质量,发展外籍学生教育的目标共同努力。

伴随全球化的进程、世界移民浪潮、学校国际化的趋势带来的校园中师生文化背景的差异,造就了"国际教室"在世界性大都市纽约、巴黎随处可见,学校的教育目标不仅仅是学会生存,更要学会共存于上海建设国际化大都市的进程当中,面对中小学校园里越来越多的外籍学生,如何提供行之有效的涉外教育服务是我们需要持续探索的话题。

第八章　基础教育对外开放基础建设

一、基础教育对外开放基础建设的内涵

区域推进教育国际化的发展，除了在政策设计、师资队伍、课程等方面推进外，还需加强国际化发展的基础建设，在工作队伍建设、信息平台、基础研究等方面进行统筹部署，进而为区域基础教育对外开放的正常运行提供保证和支持。

一是加强管理队伍建设，提高浦东新区教育对外合作交流专业水平。在中小学、幼儿园中培育一支具有较高政策水平和较强工作能力的教育对外合作交流管理干部队伍，实现教育对外合作交流管理工作由接待事务型向管理服务型转变。

二是建设教育国际化电子信息平台。主要包括区域推进基础教育对外开放管理平台、区域基础教育对外开放学习平台和区域基础教育对外开放资源平台。

三是开展区域教育国际化发展研究。积极开展发达国家或地区的教育发展研究，分析其教育教学政策、措施与成效，为区域基础教育对外开放未来发展及政府决策提供服务。

二、教育对外合作交流管理队伍建设

教育的对外合作交流管理工作是对外联络交流的主要窗口，是国际学术文化交流的重要桥梁。中华人民共和国成立之初，周恩来总理非常重视对外合作交流管理的培养。1951年，周恩来总理兼外交部长向中央人民政府作了有关外交工作的报告，在最后部分，专门谈了外交部干部近两年的工作实践和今后形势发展的要求，提出了培养、选拔干部的"十六字方针"，即"站稳立场，掌握政策，熟悉业务，严守纪律"。这"十六字方针"，既体现了我们党选拔干部的普遍原则，也

提出了对外交干部政治、业务素质的特殊要求,对培养对外合作交流管理干部具有重要的意义与价值。

中小学校国际交流活动的日益增多和国际合作的迅速发展,对对外合作交流管理工作提出了更高更新的要求,提升对外合作交流管理人员职业素质,可以有效地提高学校对外合作交流管理工作效率和专业品质。

(一) 当前中小学校对外合作交流管理工作的主要内容

(1) 接待境外来访人员和团组工作。当今经济全球化促进了教育国际化的发展,跨国界、跨经济、跨文化的交流和合作日益频繁,越来越多的国外学校团组来国内学校进行学习和交流,这对对外合作交流管理部门的接待人员提出了较高的要求,需要他们不断加强学习并提高自身综合素质。

(2) 办理对外相关事务工作。办理对外相关事务即办理学校教师因公出国(境)任务的申请与报批,协调组织并办理学校各类人员赴国(境)外参加考察、交流、访问、讲学、留学、探亲访友等工作,同时负责他们与国外的联系、组织和管理等工作。

(3) 引进国外智力工作。引智工作即指以对外合作交流管理部门为桥梁,通过各种途径引进国外先进的教学设备、教育人才、教学方法、教育成果和管理理念,并对其进行有效地运用和开展国际间交流合作等工作。[①]

(二) 当前中小学校对外合作交流管理工作的主要问题

(1) 自身知识结构与从事工作不协调。在当前学校对外合作交流管理队伍中,有不少对外合作交流管理工作人员的学科知识及其知识结构还不能充分地与其所从事的工作结合到一起。学校对外合作交流管理工作由于起步较晚,在人员选拔的过程中有时忽略了专业素质要求,之后又没有经过系统的培训或进修,在实际的工作中就会出现不协调的现象,难以适应学校对外合作交流管理工作。

(2) 欠缺良好的服务意识。一是没有很强烈的服务意识,民主意识与协作精神比较淡薄;二是教育管理现代化意识缺乏,运用现代信息技术水平的能力薄弱。

---

① 李雪芬.关于学校外事管理工作的几点思考[J].漳州师范学院学报(哲学社会科学版),2011,04.

（3）培训和个人学习情况不理想。从学校方面来说，虽然很多学校开展了对外合作交流管理工作者的培训，但是还是存在不规范、不全面、不经常等问题。就个人而言，一些管理人员主动学习积极性不高，自学外语遇到困难信心不足。

（三）开展具有实效性的培训

学校对外合作交流管理管理人员的培训内容，主要是学校对外合作交流管理队伍职业素质所需要的知识，通常包括两个方面：一是政治思想和对外合作交流管理政策培训，以提高政治敏锐性、组织纪律性，以及执行政策规定、处理涉外合作交流管理事件尤其是突发事件的能力；增强工作责任心，树立良好的工作作风并提供优质服务。二是业务能力培训，了解对外合作交流管理工作的内涵、学校的状况、对外合作交流管理发展情况，熟悉学校对外合作交流管理工作的流程和环节、工作要求和规范。通过培训，提高他们的行政管理能力与业务水平，发挥总揽全局、协调各方的领导核心作用。同时，对外合作交流管理人员要主动学习，提高双语能力和广博的基础知识。在平时努力钻研，勤于积累，并有针对性地进行训练，熟悉常用的中英文表达法，增大词汇量，拓宽知识面，以便在工作中得心应手。具体来讲，主要包括以下六个方面的内容。[①]

（1）政治素养的培养。对外合作交流管理工作人员要有强烈的责任感和使命感，要始终保持清醒的头脑，努力提高政治敏锐性和鉴别力，讲政治、讲原则、讲立场。要掌握并严格执行国家的各项对外合作交流管理政策，严格遵守国家对外合作交流管理纪律和学校对外合作交流管理规定，提倡什么、允许什么、限制什么、反对什么，都要从政治上、全局上来考虑，以避免重大失误的发生，自觉维护国家和学校的利益和形象。

（2）道德品质的培养。对外合作交流管理工作的职业道德要求我们爱祖国、爱人民、爱家乡，对祖国和人民赤胆忠心。在外国人面前应做到既热情服务，又不卑不亢，不辱国格人格。对外合作交流管理工作者要有一个平和的心态、宽容的态度和理智的处事方式，要相互尊重和理解，立场要客观中立，处事方式要尽量温和宽容，要有耐心。

（3）国际素养的培养。对外合作交流管理工作者应积极主动与国外同行进

---

① 陈丽芳.树立七大意识,提高学校外事干部的素质和本领[J].福建师范大学福清分校学报,2006,07.

行接触、交流,在日常工作中以国际惯例为准则,并将全球化的观念渗透到对外合作交流管理工作的各个领域。

(4)学习素养的培养。对外合作交流管理工作是一项业务性很强的工作,对外合作交流管理工作者的工作水平和业务素质高低是做好这项工作的基础。因此,对外合作交流管理工作者必须不断地学习,自觉地学习。

(5)团结协作素养的培养。对外合作交流管理干部作为学校与国外开展国际交流与合作的桥梁,应积极探索新的思路,主动出击,加强与国际教育界、学术界"强强合作""强项合作",积极引进国外智力、成果和人才,为学校的教学和学生的成长服务。做好学校领导的参谋,对学校重要的对外合作交流管理接待任务和重大的国际合作项目要适时地提供背景材料、实施方案、草案等,供领导参考,便于领导管理和各部门之间的协调发展。要增强把握机遇的能力,许多对外合作交流管理活动并非单一的一项简单的事务性工作,往往一次简单的会晤和介绍会为今后的长期合作打下基础,因此要重视保持与外界的友好联系,并善于在一般性的联系中捕捉宝贵的合作机遇。

(6)管理与服务素养的培养。要重视科学管理,从整体出发,采用一切必要的组织管理手段,对学校对外合作交流管理的每个基本环节做出合理的安排,尤其是注意加强薄弱环节,设法建立运转效能最佳的对外合作交流管理管理体制,使各项对外合作交流管理工作有条不紊地开展。在把握原则的基础上,讲究灵活性和情感投入,尽量满足外宾工作和生活上的合理要求,为他们解疑释惑,排忧解难。

为了进一步推动浦东新区教育国际化的工作进程,指导帮助基层学校开展有效的教育国际合作交流工作,学习和掌握必要的国家对外合作交流管理工作政策与规章制度,提升基层对外合作交流管理处理对外合作交流管理实务及相关能力,浦东新区于2010年开始着手培养一批学校对外合作交流管理干部,由学校推荐一名懂外语、热爱学校对外合作交流管理工作、具有相关工作经历并乐于为他人服务的分管对外合作交流管理者报名参加新区对外合作交流管理培训班统一培训。新区制定了对外合作交流管理会议方案和课程计划,收集学员信息及做好了学校对外合作交流管理信息档案工作。培训班对出入境管理、聘外工作、外教管理、对外合作交流管理礼仪、对外合作交流管理纪律以及外交形势等方面开展系统培训,逐步建立健全全区教育国际化学校对外合作交流管理队伍。至2020年,浦东新区已经连续10余年举办学校对外合作交流管理培训班。

目前，新区中小学、幼儿园已经拥有一支具有较高政策水平和较强工作能力的教育对外合作交流管理队伍，实现了对外合作交流管理工作由接待事务型向管理服务型的转变。

三、基础教育对外开放电子信息平台

互联网的出现让世界变成了一个地球村，人与人之间的交流与沟通变得更加容易，更加快捷、更加频繁。教育方面，互联网的出现为教育国际化的快速发展提供了可能。以互联网为中小学校的电子信息平台作为桥梁，将教育国际化各个环节都有效地联系起来、将各国的教育发展联系到了一起。数字化信息平台建设是信息化建设的必然需求，通过数字化信息平台的构建，把教育国际化的各类系统联系起来，实现教育国际化各部门之间的信息数据同享、交流和服务。

数字化信息平台是以网络为基础，利用先进的计算机技术、网络通信技术将有关教育国际化的教学、科研、管理和生活服务等所有信息资源进行全程的数字化，并科学地对这些信息资源进行整合和集成，以构成统一的用户管理、统一的资源管理和统一的权限控制；通过组织和业务流程再造，推动教育国际化进行制度创新、管理创新，最终实现教育信息化、决策科学化和管理规范化，达到提高教育管理水平和效率的目的，起到宣传教育对外开放的作用。

基础教育对外开放电子信息平台主要包括三个部分：管理平台、学习平台、资源平台。建设电子信息平台，有利于推行教育对外开放数字化转型，提高办事效率；有助于教师、学生主动接受并自我学习；有助于推动教育信息化发展，宣传基础教育对外开放。

（一）基础教育对外开放数字化平台，开展基础教育对外开放工作的管理

教育国际化管理平台是基于网络的、符合互联网技术标准的综合信息化系统，是对教育国际化相关信息的进行电子化处理的过程，也称为电子政务。随着信息化的快速发展，教育事业电子管理平台也得以迅速推广，"一支笔、一张纸"的传统办公模式正在悄然改变。"教育对外开放数字化平台包括教育行政部门的教育对外开放数字化平台和中小学校的教育对外开放数字化平台。它是国家教育对外开放数字化平台的重要组成部分，是教育信息化建设的重要内容，是实

现教育管理现代化的重要手段。"①教育主管部门为顺应时代发展潮流,着力在内部利用先进的网络信息技术实现办公自动化、管理信息化、决策科学化,利用网络信息平台进行信息共享与服务、加强群众监督、提高办事效率、促进政务公开。因此,推进教育对外开放数字化平台建设,实现办公自动化、网络化、电子化和信息化共享,已是大势所需,势在必行。

建设教育对外开放数字化平台、全面提高教育对外开放数字化平台应用水平具有重大的意义:

其一,推行教育对外开放数字化平台是提高办事效率、增强信息透明度的有效手段。推进教育对外开放数字化平台建设可以提高教育国际管理工作的办公效率和管理水平。教育对外开放数字化平台以信息传递的方式上传下达,实现了公文、信息传输无纸化,免去了文稿的打印、装订、分发、归档等劳累之苦。不管是国内还是国外,只要在有计算机和网络的地方都可以及时收发信息,处理公文,大大提高了办事效率。推行教育对外开放数字化平台,通过运用信息技术和网络手段,在教育部门及社会公众之间建立良性互动的关系。因此,推行教育对外开放数字化平台是提高工作效率、推进校务公开、扩大政务参与、增强信息透明度的有效手段。

其二,推行教育对外开放数字化平台是深化行政管理体制改革和实现管理创新的重要举措。电子管理平台是现代管理观念与信息技术融合的产物,是应用现代信息和通信技术将管理和服务通过网络技术进行集成,全方位地提供超越时间、空间与部门分割限制的优质、规范、透明的管理和服务。教育对外开放数字化平台以信息技术为手段,促进行政管理体制的变革;以扁平化操作的特征有效地减少机构设置;强大的计算储存能力把人力从繁重的手工操作中解脱出来,为解决人员臃肿、优化人员结构创造了条件。教育对外开放数字化平台的应用为文书处理与档案管理融为一体提供了平台,既减少了重复劳动,使公文处理更加高效、准确,又避免了档案管理归档不齐全、分类不规范、检索利用困难等问题。因此,提高教育对外开放数字化平台建设与应用水平是深化学校行政管理体制改革和实现管理创新的重要举措。

其三,推行教育对外开放数字化平台是带动政务信息化发展的有效手段。信息化是我国加快实现工业化和现代化的必然选择。教育对外开放数字化平台

---

① 张红飞,张丹丹.谈加快推进学校教育电子政务建设[J].安庆师范学院学报(社会科学版),2007,05.

建设和应用水平对我国信息化全局具有示范和带动作用。教育作为人才培养和知识创新、科技创新的重要活动，要搞好教学、科研、管理等工作，提高服务社会的能力和水平，步入经济社会发展的舞台，就必须推广和应用现代信息技术，加快知识信息的创造、加工、传播和应用，以教育对外开放数字化平台信息化带动科学现代化，以科学现代化促进政务信息化，做教育国际化信息化建设的表率。

其四，推行教育对外开放数字化平台是降低办学成本、创建节约型校园的迫切需要。当下，随着办学规模的不断扩大，中小学校国际交往的日益增多，加快推进教育对外开放数字化平台建设，可以节省自然资源和人力资源。教育对外开放数字化平台在信息网络的"高速公路"上快速、及时、准确地将声像图文信息发送到各个部门，减少了文件资料的打印、分发等诸多环节，极大地降低了办学成本，在办公经费和人手普遍不足的情况下，提高教育对外开放数字化平台应用水平，是降低办公成本、提高网络应用率、创建节约型校园的迫切需要。

（二）建立中小学校国际化数据库，为政府决策和师生学习提供资源支持

数据库是一个长期存储在计算机内的、有组织的、可共享的、统一管理的数据集合。国际教育面向教育教学管理和教育教学应用服务的核心是教育数据库建设，建设有特色的国际教育数据库，是我国基础教育对外开放深入发展的必需。

1. 区域性国际教育数据库的功能

建设区域性的国际教育数据库，有两大功能：

（1）收集区域教育国际化发展中的各种数据与信息，把握新区教育国际化的动态与趋势，为政府决策提供数据支撑。建设区域国际教育数据库应注意以下问题：

① 目的性。区域国际教育数据库建设的根本目的是及时地为区域教育管理部门和中小学管理者提供基础教育对外开放的政策信息、教育教学改革理论研究、学校管理与建设策略、校际借鉴与参考、海外中小学管理模式等方面的权威、实用的教育资讯，服务区域教育国际化决策和中小学校国际化发展，为教育教学改革服务，在教学过程中提高教师和学生的精神生活质量。

② 导向性。数据库建设要根据各种国际化教育教学实际情况对各种数字资源进行选择、加工，甚至创作，强调"质量性"，使数字资源适用，切实能为教育教学科研提供信息，为解决国际化推进中产生的各种新问题、新情况提供参考。

③ 科学性。区域国际教育数据库要提供准确、实用、科学的数字化信息资源。区域国际教育数据库要在误差允许的范围内准确地呈现数据内容。数据库建设要做到生动活泼的形式与实用科学的内容相统一。数据库应发挥计算机的信息数据处理与图像高速输出功能，通过动态形象信息来揭示区域教育国际化发展中遇到的复杂问题，为决策者和学校提供实用科学的数据。

（2）可以收集区域推进教育国际化过程中的各种文字、图形、图像、声音、动画和视频等可供师生利用的资源，帮助教师学生更方便快捷的获取优质的国际化教育信息和资源，提高教师教学、学生自主学习的效率。

教育资源库管理系统包括两个子系统：资源管理（媒体素材库的管理、题库管理、案例库的管理、课件库管理、文献库管理、网络课程的管理等）；系统管理（安全管理、网络性能管理、故障管理等）。这两个子系统为三类用户即教师、学生、管理员提供资源检索、资源发布、资源审核、权限管理等多个方面的服务。①

2. 国际教育数据库建设的来源

以浦东新区为例，浦东新区从以下几个方面开展国际教育数据库建设：

（1）网上众多的国外教育网站是国际教育数据库重要的资源来源。特别是国外教育行政部门的网站，对于该国教育的资料收集比较全面，这些网站对教学资源都进行了整理和分类，将这些资源导入资源库比较方便。可以将这些网站的作为链接，然后加入资源库中。

（2）各类教育国际化方面的教育光盘是由各出版社出版的正式电子出版物，品种较多，比如教育论文、多媒体课件等多有涉及，而且比较权威。可以选择一些适合区域和学校实际情况的教育光盘，将其中的资源导入资源库。

（3）区域层面和中小学校在日常的国际交流、国际教育活动中都积累了大量的音像资料，如教学示教录像片、教学录音带和各种扩展学习的音像资料等。平时，由于受学习场地和时间的限制，这些音像资料的利用率是比较低的，现在可以将这些音像资料转制成数字文件加入到资源库中，教师通过资源平台就可以随时调用这些教学资料供教学中使用，学生也可以在个性化的学习中随时使用这些音像资源。

（4）国外比较成功的教育软件。如近年来一些大学开发的慕课学习软件、

---

① 朱凌云，余胜泉.教育资源库建设的观念与方法［EB/OL］.［2020 - 12 - 21］http://www.etc.edu.cn/articledigest10/ziyuan-ku.htm.

可汗学院开发的网络课堂软件等,可以将其中适合我国中小学应用的教育资料导入资源库。

总之,无论是数据库建设的研究者、建设者还是管理者、应用者,都应着眼未来,开展研究、规划工作,开发、建设满足中小学校教育教学改革需要的优质数字资源,推动数据库共建共享,使区域国际教育数据库的建设能与时俱进,为推进区域基础教育对外开放做出贡献。

四、基础教育对外开放发展研究

对教育国际化的理论研究,大多是教育国际化的内涵、特征及动因、全球化与教育国际化的关系及影响等为主题的研究。

改革开放以来,我国的基础教育对外开放不断发展。作为发展中小学校教育的一条新路径,它的积极影响在于各种国际化办学机构纷纷设立,构成了"百花齐放"的教育服务体系,促进了基础办学的多样化,为学生的个性发展提供了良好的平台;引进了高选择性、富创新性的国际课程,在实施的过程中还开发了新的课程,为培育全面发展人才、提高教育质量提供了有利条件;中外人员交流、互派代表团访问、建立友好学校、引进外籍教师、外国留学生的增加等均体现了我国教育质量、国际地位的上升,通过这些对外合作交流管理活动则进一步提高了我国的国际影响力。任何事物的发展过程都是挑战与机遇并存的,我国基础教育对外开放在取得显著成绩的同时,也面临着管理、师资、教学评价等方面的诸多问题。为了获得较好的生源,满足不同社会阶层的需要以及促进学校的发展,很多学校主动迎合新的契机,进行国际化办学,而促进基础教育健康、可持续发展,需要国家、社会和个体的合力共同来解决。

区域教育国际化的分类研究。为了满足浦东新区学校教育国际化建设的实际需求,浦东新区开展了学校教育国际化特色建设项目的研究,整理形成了富有建设性的研究报告。例如,在国际课程方面,形成综述文本,在国际课程合作领域,关注国际课程在国内其他地区的实施情况,吸取经验和教训,力求探寻适合浦东新区学校实际情况的国际课程合作方式、内容以及国际化课程框架研究,为浦东新区学校开展国际课程合作做好理论基础性研究准备,在多年的双语教师培训基础上申请的双语市级课题;新区双语教师培训在全市及外省市形成了较为广泛且良好的影响,多次作为经验推介在各层次学术会议上作专题交流,深入研讨该项工作的实践研究成果；申报中文教育课题，对浦东新区中文教育现状及基地建设现状、师资队伍与课程建设现状及未来需求开展调研，精选浦东新区中文教育典型案例以及浦东新区中文教育教师志愿者队伍的建设策略等开展深入研究。

参考文献

Brighton Primary School. Brighton Primary School Strategic Plan [EB/OL].
[2015 - 04 - 01]http://www. brighton. vic. edu. au/strategic-plan. html.

DFES (2004). Putting the world into world-class education: An international
strategy for education, skills and children's services [EB/OL]. [2020 - 12 -
21] http://publications teachernet. gov. uk/eOrderingDownload/1077-
2004GIF-EN-01.

http://edu. sina. com. cn/a/2021-04-01/doc-ikmyaawa3476448. shtml

KERSTIN M, KLAUS D W. Paradoxien der Neuen Staatsräson-Die
Internationalisierung der Bildungspolitik in der EU und der OECD [J].
Zeitschrift für Internationale Bezi ehungen, 2006,13(2): 145.

Knight, J. Updating the Definition of Internationalization [J]. International
Higher Education, 2003(6): 2 - 3.

Marmolejo, F. Internationalization of Higher Education: The Good, the
Bad, and the Unexpected [EB/OL]. (2010 - 10 - 22)[2017 - 10 - 5]http://
www. chronicle. com/blogs/worldwise/internalization-of-higher-education-
the-good-the-bad-and-the-unexpected/27512.

UNDERVISNINGS MINISTERIET. How to Include a language in all
Subjects [EB/OL]. [2011 - 09 - 23] http://eng. uvm. dk/service/
Publications/How%20to%20In-clude. aspx.

UNDERVISNINGS MINISTERIET. Teachertraining-B. Ed. programme for
primary and lower secondaryschool teachers [EB/OL]. [2011 - 9 - 23]
http://eng. uvm. dk/Fact% 20Sheets/Higher% 20education/Teacher%
20training. aspx.

UNESCO（1974）. Recommendation concerning education forinternational understanding, cooperation and peace and education relationto human rights and fundamental freedoms［EB/OL］.［2020－12－21］http：//www. unesco. org/education/nfsunesco/pdf/Peace_e. pdf.

VERA D，WIDO G，CHRISTIANE K G，et al. International isierung der Bildung［M］. Köln：Institut der deutschen Wirtschaft Köln Medien GmbH，2013,4－5.

包同曾.提高教师国际化视野,加快教育现代化进程［EB/OL］.［2011－11－04］http：//www. jyb. world/gjsx/201102/t20110201. html.

宝安区教育局.宝安教育国际化行动计划（2020—2025年）（征求意见稿）［EB/OL］.（2020－12－09）［2020－12－21］http：//www. baoan. gov. cn/hdjlpt/yjzj/answer/8715.

蔡基刚.教育国际化背景下的大学英语教学定位研究［J］.外国语,2012,01.

陈丽芳.树立七大意识,提高学校外事干部的素质和本领［J］.福建师范大学福清分校学报,2006,07.

陈如平,苏红.论我国基础教育的国际化［J］.当代教育科学,2010,（14）：3.

陈如平,苏红.论我国基础教育的国际化［J］.当代教育科学,2010,14：3－7.

陈艳梅.中学外籍英语教师聘用管理研究——以成都三所中学为例［D］.重庆师范大学,2011.

成都市武侯区教育局.成都市武侯区教育事业发展第十三个五年发展规划（2016—2020年）［EB/OL］.（2017－09－11）［2020－12－21］http：//gk. chengdu. gov. cn/govInfoPub/detail. action? id＝1753480&tn＝2.

丁敏,杨飒.论我国修学旅游的发展现状及对策［J］.商业时代,2010,17：118－120.

董江宁.修学旅行,"三个面向"的应选课程［N］.北京青年报,2003－11－20.

樊婧.以教师英语培训为抓手,努力实现教师国际化［J］.才智,2009,30：206.

菲利普·阿特巴赫,姜川,陈廷柱.全球化与国际化［J］.高等教育研究,2010,31（02）：12－18.

《关于深化教育教学改革全面提高义务教育质量的意见》发布会［EB/OL］.［2020－12－21］http：//www. scio. gov. cn/xwfbh/xwbfbh/wqfbh/39595/40938/index. htm.

杭州市人民政府办公厅.杭州市人民政府办公厅关于印发杭州市推进教育国际化三年行动计划(2019—2021 年)的通知[EB/OL].(2019 - 03 - 13)[2020 - 12 - 21]http://www. hangzhou. gov. cn/art/2019/3/13/art ＿ 1510980 ＿ 17608. html.

季诚钧.关于大学课程国际化的探讨[J].课程・教材・教法,2003,04.

加快和扩大教育对外开放,大力提升我国教育的国际影响力——教育部国际司(港澳台办)负责人就《关于加快和扩大新时代教育对外开放的意见》答记者问[EB/OL].[2020 - 12 - 21]http://www. moe. gov. cn/jyb＿xwfb/s271/202006/t20200617_466545. html.

姜英敏.国际理解教育≠对外国、外国文化的了解[J].人民教育,2016(21):62 - 65.

蒋凯.高等教育对外开放的回顾与前瞻[J].教育发展研究,2020(03)3.

教育部.2018 年度我国出国留学人员情况统计[EB/OL].[2020 - 12 - 21]http://www. moe. gov. cn/jyb＿xwfb/gzdt＿gzdt/s5987/201903/t20190327_375704. html.

教育部.关于《外籍教师聘任和管理办法(征求意见稿)》公开征求意见的公告[EB/OL].[2020 - 12 - 21]http://www. moe. gov. cn/jyb＿xwfb/s248/202007/t20200721_474014. html.

教育部.关于印发《推进共建"一带一路"教育行动》的通知[EB/OL].[2020 - 12 - 21]http://www. moe. gov. cn/srcsite/A20/s7068/201608/t20160811＿274679. html.

教育部.绘制新时代加快推进教育现代化建设教育强国的宏伟蓝图[EB/OL].[2020 - 12 - 21]http://www. moe. gov. cn/jyb＿xwfb/s271/201902/t20190223_370865. html.

教育部等 8 部门全面部署加快和扩大新时代教育对外开放[EB/OL].(2019 - 6 - 18)[2019 - 6 - 19]http://www. moe. gov. cn/jyb＿xwfb/gzdt＿gzdt/s5987/202006/t20200617_466544. html.

教育部等 8 部门全面部署加快和扩大新时代教育对外开放[EB/OL].[2020 - 12 - 21]http://www. moe. gov. cn/jyb＿xwfb/gzdt＿gzdt/s5987/202006/t20200617_466544. html.

教育部等 8 部门印发意见加快和扩大新时代教育对外开放[EB/OL].[2020 -

12 - 21] http：//www. moe. gov. cn/jyb_xwfb/s5147/202006/t20200623_467784. html.

解读《国务院办公厅关于新时代推进普通高中育人方式改革的指导意见》[EB/OL].[2020 - 12 - 21]http：//www. moe. gov. cn/fbh/live/2019/50754/.

荆州旅游政务网.转发《关于进一步加强对中小学生出国参加夏(冬)令营等有关活动管理的通知》[EB/OL].(2010 - 12 - 06)[2013 - 09 - 20]http://www. jztour. gov. cn/Article/HTML/Article_735. htm.

蓝先茜.教育部长 Riley 宣布将拟订美国国际教育政策[EB/OL].[2020 - 12 - 21]http：//www. tw. org/newwaves/51/7-12. html〔Lan，S. C. （2000）. Education secretary Riley announced plan for American international education. http:// www. tw. org/newwaves/51/7-12. html〕.

李京平.双语教学中引入国外教学方法的探讨与实践[J].计算机教育,2008,12：44 - 46.

李军.上海基础教育国际化发展的支持系统建设[J].世界教育信息,2014(10).

李丽洁.我国基础教育国际化发展路径设计——对丹麦教育国际化的实践反思[J].教学月刊(中学版下),2011,10：8 - 10.

李森,王天平.论教学方式及其变革的文化机理[J].教育研究,2010,12：66 - 69.

李森.现代教学论纲要[M].北京：人民教育出版社,2005.

李雪芬.关于学校外事管理工作的几点思考[J].漳州师范学院学报(哲学社会科学版),2011,04.

李延成.高等教育课程国际化的理念与实践[J].外国教育研究,2002,07.

李轶凡,丁欣昀,李军.英国《国际教育战略：全球潜力、全球增长》述评[J].世界教育信息,2019,14：39.

李永强.我国高水平大学师资队伍国际化研究[D].兰州大学,2009.

刘建华,黄全高,刘正良.教育国际化的国际表现与我国教育发展田[J].教育理论与实践,2003,10：1 - 3.

刘庆传.教育部已将苏州等地列为试点集体"修学旅行"[N].新华报业网,2012 - 11 - 14.

刘思敏,陈晓华.国内修学旅游发展对策浅见[N].中国旅游报,2013 - 07 - 12.

倪雅.地方综合性人学师资国际化的对策田[J].扬州人学学报(高教研究版),

2011,08：29－31.

彭近兰.论大学英语中的国际理解教育[J].教育理论与实践,2003,03.

浦东年鉴(2019)[EB/OL].[2020－12－21]http：//www. pudong. gov. cn/shpd/about/20200608/008006033003_e5faafed-034d-4f39-9409-3ba9d8b6f9b8. htm.

容中逵,刘要悟.民族化、本土化还是国际化、全球化——论当前我国基础教育课程改革的参照系问题[J].比较教育研究.2005,07：19－20.

上海市教委.上海市中小学接受外国学生管理实施细则[EB/OL].

上海市教育科学研究院.上海市外籍人员子女学校蓝皮书.(2016－8)[EB/OL].[2020－12－21]http：//www. shmec. gov. cn/UserFiles/File/wjznzw. pdf

上海市教育委员会.关于开展普通高中国际课程试点工作的通知[EB/OL].[2013－05－10]http：//www.shmec. gov. cn/html/xxgk/201305/402162013002.

市川博.日常授课中国际理解教育的理念和方法[J].南都学坛,2001,01：107－112.

苏州市教育局.苏州市教育事业第十三个五年发展规划[EB/OL].(2017－02－04)[2020－12－21]http：//jyj. suzhou. gov. cn/szjyj/fzgh/201702/6a5fd3670f544d559cac858898e5a596. shtml.

粟茂,向淼.第三部门兴起对我国社会发展变化的影响[J].成都行政学院学报,2003,06.

孙鹤娟.教育国际化与教育的民族主义[J].社会科学战线,2006,01：234－238.

唐盛昌.国际大都市的基础教育改革[J].上海教育,2005(2).

唐盛昌.国际大都市的基础教育改革[J].上海教育,2005,Z1：15－16.

汪立琼.对我国高校课程国际化的反思[J].山西财经大学学报,2005,09.

汪霞.大学课程国际化中教师的参与[J].高等教育研究,2010,03.

王丛芝.国际学校的办学理念和实践[J].小学教学参考,2004,10.

王凤娟.海外游学,蓝海还是泡沫?[J].中国报道,2013,07：92－93.

王海波.中国学子海外游学热扫描[J].海内与海外,2014,03：9－11.

王家通.日本教育制度：现况趋势与特征[M].高雄：高雄复文出版社,2003.

王若梅.解析高等教育课程国际化[J].江苏高教,2011,02.

王漪.上海普陀区中小学外籍教师职责履行情况调查及管理策略研究[D].华东师范大学,2007.

王宇.区域推进国际理解教育课程化建设初探[J].思想理论教育,2011,24：54-57.

王自亮.地方高校师资国际化的思考田[J].人力资源管理,2011,06：138-139.

维迪努.从现在到 2000 年教育内容发展的全球展望[M].马胜利,译.北京：教育科学出版社,1996.

肖海祥.中美公立高中国际课程引进与实施研究[D].北京：首都师范大学,2014.

新华网.中国已与 54 个国家签署高等教育学历学位互认协议[EB/OL].[2020-12-21]http://www.xinhuanet.com/2020-09/05/c_1126457117.htm.

熊川武.理解教育论[M].北京：教育科学出版社,2005.

徐辉,王静.国际理解教育研究[J].西南师范大学学报(人文社会科学版),2003,06：85-89.

徐士强.上海基础教育国际化历史简溯[J].世界教育信息,2011,03：72-73.

闫温乐.透视上海外籍中小学生教育[J].现代中小学教育,2005,11：9-11.

杨宝忠.小学语文国际理解教育初探[J].小学语文教学,2003,06.

杨俊才.首届中国修学旅行研讨会在南京召开[J].旅游研究与实践,1994,02：33.

杨明全.基础教育国际化：背景,概念与实践策略[J].全国教育展望,2019,48(02)：55-63.

杨小玲.国际理解教育的理论与实践研究[D].福建师范大学,2006.

尹后庆,为青少年学生架起迈向未来社会的坚固桥梁——上海基础教育应对全球化浪潮的思考和举措[J].上海教育科研,2009,(1)：9.

云南省人民政府.周荣：云南教育对外开放"双向发力"成果丰硕[EB/OL].(2019-09-26)[2020-12-21]http://www.yn.gov.cn/zwgk/zcjd/dwjd/201909/t20190926_182791.html.

张红飞,张丹丹.谈加快推进学校教育电子政务建设[J].安庆师范学院学报(社会科学版),2007,05.

张华英.人才国际化与国际化人才的培养[J].福建农林大学学报(哲学社会科学版),2003,04：81-83.

张军凤,王银飞.关于基础教育国际化的几个问题[[J].上海教育科研,2011,01：9-11.

张秋旭,杨明全.英国基础教育国际化初探实践策略与启示[J].中国教师,2018(11)：114.

张蓉.国际学校的概念界定与类型梳理[J].海峡教育研究,2014,01：78-83.

张蓉.教育国际化与世界基础教育改革[J].外国中小学教育,2007,07.

章新胜.认真学习贯彻实施《中外合作办学条例》[J].中国高等教育,2003(11)：6-8.

赵建华,陈国明.宁波基础教育国际化的现状及提升路径[J].宁波教育学院学报,2016,18(05)：105-108.

赵萱.应然理性：上海基础教育国际化述评[J].基础教育,2012,01：26-34.

中国民主促进会上海市委员会.2010年调研课题：上海市基础教育国际化的理论与实践研究报告[EB/OL].[2020-12-21]http://www.shmj.org.cn/node809/node827/node829/userobject1ai1731872.html.

中国社会科学院语言研究所词典编辑室编.现代汉语词典[M].商务印书馆,1986：1492.

中华人民共和国国家外国专家局.[2020-12-21]http://zfxxgk.safea.gov.cn/.

周南照.关于教育国际化的政策思考[J].世界教育信息,2014,10：3-8.

朱凌云,余胜泉.教育资源库建设的观念与方法[EB/OL].[2020-12-21]http://www.etc.edu.cn/articledigest10/ziyuan-ku.htm.

追寻教育对外开放的历史印迹[EB/OL].[2020-12-21]http://www.moe.gov.cn/jyb_xwfb/s5147/201810/t20181016_351599.html.

索　引